JACQUES BAINVILLE

Bismarck
et
la France

d'après les Mémoires du Prince de Hohenlohe

LES SOUVENIRS DE M. DE GONTAUT-BIRON
ET SA MISSION A BERLIN
LES IDÉES NAPOLÉONIENNES ET L'UNITÉ ALLEMANDE
LES ALLIANCES DE 1870
LES DIFFICULTÉS DE L'UNITÉ ALLEMANDE
LA JEUNESSE ET LES PREMIÈRES ARMES DE BISMARCK
LE CENTENAIRE D'IÉNA

PARIS

NOUVELLE LIBRAIRIE NATIONALE

85, RUE DE RENNES

1907

Bismarck et la France

D'APRÈS

LES MÉMOIRES DU PRINCE DE HOHENLOHE

DU MÊME AUTEUR

Louis II de Bavière, 1 vol. in-18 jésus, br. **3 50**
(*librairie académique Perrin*).

JACQUES BAINVILLE

Bismarck

et

la France

d'après les Mémoires du Prince de Hohenlohe

LES SOUVENIRS DE M. DE GONTAUT-BIRON
ET SA MISSION A BERLIN
LES IDÉES NAPOLÉONIENNES ET L'UNITÉ ALLEMANDE
LES ALLIANCES DE 1870
LES DIFFICULTÉS DE L'UNITÉ ALLEMANDE
LA JEUNESSE ET LES PREMIÈRES ARMES DE BISMARCK
LE CENTENAIRE D'IÉNA

PARIS

NOUVELLE LIBRAIRIE NATIONALE

85, RUE DE RENNES

1907

A LA MÉMOIRE

DE

P.-J. PROUDHON

qui
dans sa pleine liberté d'esprit
retrouva
la politique des rois de France
et combattit
le principe des nationalités

A LA GLORIEUSE MÉMOIRE

DES

ZOUAVES PONTIFICAUX

qui sont tombés
sur les champs de bataille
en défendant la cause française
contre l'unité italienne
à Rome
contre l'Allemagne unie
à Patay

AVERTISSEMENT

Les essais que nous rassemblons ici ont, pour la plus grande partie, paru au cours de ces deux dernières années dans la *Gazette de France*. Des documents nouveaux, de récents ouvrages d'histoire, des polémiques ouvertes, la commémoration de grands événements, forment tour à tour le sujet de ces études détachées. Elles ont un lien cependant.

Après le tiers d'un siècle écoulé, nous sentons plus que jamais que notre pays a perdu toute sécurité depuis 1870. Sa situation et son avenir sont en perpétuel danger dans une Europe bouleversée par la formation de l'Italie et de l'Allemagne. Notre régime politique, qui ne mérite pas la confiance des patriotes, aggrave encore nos périls. Mais d'où viennent nos défaites? Qui a créé les puissances dont nous sommes entourés et menacés? Ce n'est pas, à notre avis, une occupation vaine que de rechercher

*a**

les responsabilités et les origines de ces événements solidaires. Nous voudrions écrire un jour un ouvrage d'ensemble sur les causes de ces révolutions européennes qui ont anéanti un ordre de choses tout à l'avantage de la France, et dont la disparition a été pour elle une catastrophe. Cette catastrophe a une filiation certaine et des ouvriers connus. On voit aujourd'hui comment il eût été possible de l'empêcher, par quelle succession d'erreurs et de fautes elle s'est produite. Qu'on veuille bien trouver ici quelques études préparatoires à un plus grand travail sur le rôle respectif des institutions, des idées et des hommes dans la formation de ces deux grands Etats nouveaux, dont la naissance a détruit l'équilibre européen et modifié du tout au tout, non seulement les conditions d'existence de notre pays, mais celles aussi de l'ancien monde tout entier.

Le prince de Bülow, chancelier de l'Empire allemand, disait le 14 novembre 1906 à la tribune du Reichstag :

« La France était un royaume solidement constitué lorsque l'Allemagne et l'Italie ne constituaient encore que de simples expressions géographiques ; c'était un solide bloc de marbre entre des plaques de mosaïque disjointes.

« C'était par conséquent une sorte de nécessité absolue, dans chaque ou presque chaque rencontre avec l'un de ces deux pays voisins, si ce dernier n'était pas soutenu par un tiers, que la France fût la plus forte... Je n'ai pas besoin de montrer davantage comment la politique française, des siècles durant, prêta la main aux querelles intestines allemandes en prenant parti pour les courants, pour les éléments centrifuges. 1870 vint mettre un terme à cette longue période de coopération française en Allemagne. Alors l'Allemagne ne reconquit pas seulement les territoires frontières qui lui avaient été arrachés au temps de sa désunoin, partant de son impuissance, mais en même temps l'unité au dedans et l'unité au dehors. »

Le prince de Bülow résume très exactement ici, de son point de vue allemand, l'histoire de trois siècles. Il ne manque à ce tableau que de montrer la cause d'où procèdent de si grands changements. Mais le chancelier fut formé à trop bonne école pour l'ignorer. Cette cause, Bismarck la savait, comme la savait Cavour. Tous les esprits vraiment politiques s'accordent depuis longtemps à reconnaître que si la situation de la France en face de l'Allemagne s'est renversée, c'est par les conséquences directes

et par le contre-coup inévitable de la Révolution.
Les événements de 1870 sont inexplicables si
l'on ne tient pas compte des circonstances et
des courants nouveaux qui sont sortis des idées
de 1789.

L'œuvre glorieuse de notre monarchie ne fut
pas seulement de faire la France, de la constituer
morceau à morceau. Ce que nos rois avaient
créé, ils l'entourèrent d'un admirable système
de défenses et de protection, dont le chef-d'œu-
vre fut de maintenir dans leur état de « mosaï-
que disjointe » les deux pays que la France avait
devancés par son unité : l'Allemagne et l'Italie.

Pourquoi l'unité italienne et l'unité alle-
mande, si longtemps entravées, ont-elles fini par
être réalisées ? Pourquoi les peuples d'outre-
monts et les peuples d'outre-Rhin eurent-ils au
XIXe siècle le bonheur inespéré de sortir de leur
anarchie ? Pourquoi la France abandonna-t-elle
sa politique naturelle, sa politique tutélaire,
et renonça-t-elle de gaîté de cœur à ce privi-
lège, qui faisait sa sécurité, de n'avoir, sur ses
frontières de l'est, au lieu de puissants Empires,
que des voisins divisés ? Comment cette faute,
dont le discours du chancelier de Berlin, à
défaut de l'expérience de quarante années, fait
mesurer l'étendue, a-t-elle pu être commise ?

Ici, l'histoire toute seule répond. Dès que la France a été privée de ses chefs, de ses conducteurs et gardiens naturels, de ses Capétiens nationaux, on a vu, par une fortune inattendue, les maisons rivales sortir de leur médiocrité, les Hohenzollern et les Carignan-Savoie ceindre de nouvelles couronnes. Édifiant contraste : à tout affaiblissement de la monarchie en France, a correspondu l'accroissement des monarchies rivales et ennemies.

Certes, la France privée de la dynastie à qui elle doit l'existence n'a pas été sans connaître des jours de gloire, et même des jours de prospérité. Mais il se trouve qu'elle a constamment payé les plus brillants de ces « interrègnes » par des catastrophes, quelquefois à longue échéance, toujours à long retentissement. Triste histoire de vies, de forces, de ressources et de chances dilapidées que celle de la France depuis 1789 ! Les idées révolutionnaires, dont Napoléon fut le soldat, mettent la France au pillage, l'Europe en feu, préparent contre nous-mêmes la naissance des nations. La monarchie revient pour réparer ces ruines. Les traités de 1815, restaurant l'œuvre des traités de Westphalie, nous garantissent pour plus de trente ans la sécurité et la paix. Mais ils avaient rendu, en expiation de Waterloo, la France plus petite que Louis XVI ne l'avait laissée. Au moment où il vient de conquérir Alger et où il va restituer à la patrie son honneur avec ses frontières du nord-est, Charles X est criminellement renversé. La monarchie de juillet tombe à son tour. Et les temps révolutionnaires recommencent. Des idées et des principes funestes à la patrie prévalent. Un autre Bonaparte se fait leur champion aux applaudissements des jacobins, des libéraux, et même des conservateurs bornés. Le second Empire finit sur une catastrophe sans précédent. Il y aura désormais une Italie, une Allemagne. Les rêves napoléoniens et révolutionnaires sont accomplis. Le « droit des peuples » est proclamé, mais au profit de deux monarques. Et la France amoindrie reste sous le coup d'une perpétuelle menace. Cette fois, il n'y avait pas eu de Bourbon pour sauver ce qui pouvait encore échapper de ce grand naufrage. Une autre succession de fautes, qui sont des trahisons, car elles eurent la complicité de l'étranger, avait empêché la restauration de Henri V. Ainsi les idées révolutionnaires triomphaient : elles avaient établi l'anarchie en France, un roi à Rome, un empereur à Berlin.

Il apparaît aujourd'hui, par la suite de ces

coûteuses expériences, que les idées de 1789,
après avoir dissocié la France, dénaturé l'Etat,
détruit les familles, les corps de métier, les
provinces, ont, en outre, à l'extérieur, nui au
prestige et à la grandeur de notre pays, ont
même préparé ses défaites. Par un inexorable
mouvement de balance, tandis que la France,
privée de ses rois et trahie par les principes
du libéralisme et par la religion des Droits de
l'Homme, était abaissée et mutilée, les peuples
voisins, appuyés sur des dynasties ambitieuses,
réalisaient des espérances, autrement vouées à
un échec nécessaire. Ces dynasties ont brillam-
ment profité du concours que leur apportaient
la Révolution et l'Empire, toujours alliés pour
l'erreur et pour le mal.

Dans la proportion même où elle a servi les
idées de 89, la France a compromis et sacrifié ses
intérêts les plus évidents. L'histoire du principe
des nationalités nous en donne un frappant
exemple. Directement issu des dogmes révolution-
naires, propagé par les armées de la Révolution,
proclamé par Napoléon Ier, repris par Napo-
léon III dans le testament de Sainte-Hélène, article
de foi de toutes les gauches depuis 1815 jusqu'à
1870, le principe des nationalités, qui a fait et
qui fera couler encore plus de sang que tous les

conquérants réunis, a directement causé nos désastres. C'est lui seul qui a provoqué les grandes guerres modernes, dévoratrices de vies humaines. Ce sont ses effets qui suspendent aujourd'hui sur les peuples la menace d'effroyables conflits. C'est lui qui, en créant deux monarchies militaires et en jetant dans leurs bras, malgré ses répugnances, l'Autriche effrayée des incendies que ce principe allume entre ses frontières et jusqu'en Orient, est responsable de cette Triplice qui pèse sur le monde européen tout entier. C'est par une de ses dernières conséquences, enfin, que le système de la paix armée opprime les populations, les accable d'impôts, aggrave la misère et arrête la civilisation. Or, quel principe plus que celui des nationalités mérite d'être appelé un principe de gauche ? La démocratie et le libéralisme l'ont considéré et le considèrent même encore comme un article essentiel de leur programme. Et lorsque Thiers ou Proudhon, libres intelligences politiques, le critiquaient et dénonçaient ses périls, toute la gauche les accusait de défection, et, leur infligeant sa suprême injure, les traitait de réactionnaires.

C'est, en effet, la réaction qui nous eût sauvés des événements de 1870 et de leurs conséquences.

Nous savons aujourd'hui que, dans l'histoire de la France contemporaine, ce sont toujours les idées de contre-révolution qui ont ou qui auraient le mieux servi la patrie. Plus extrême elle est vers la droite, plus une idée a de chances d'être conforme à l'intérêt français. Nous avons entendu un jour M. Camille Pelletan expliquer, devant un auditoire populaire, qu'il ne fallait jamais craindre de voter pour le candidat avancé parce que plus un député est rouge, plus on doit être sûr qu'il servira bien la République. Aujourd'hui surtout que le divorce entre la République et la patrie est consommé, que la République poursuit ouvertement toute sorte de fins étrangères à l'intérêt national, il n'est pas moins vrai de dire que plus un homme est « blanc », plus une idée est de droite, plus on peut être assuré que la France se trouvera bien de l'homme et de l'idée. Les meilleurs Français du dix-neuvième siècle, et il faut dire les meilleurs parce qu'ils furent non seulement parmi les plus courageux mais parmi les plus clairvoyants, parce que, avec le patriotisme, la vérité politique habitait sous leur tunique, ce sont les zouaves pontificaux. Cette légion de catholiques et de royalistes, qui a fait l'admiration de Renan et mérité la haine

de Bismarck, a défendu deux fois la France :
sous les murs de Rome contre l'unité italienne,
dans la plaine de Patay contre l'unité allemande.
Et les braves qui sont tombés sur les champs
de bataille romains ou sur les champs de ba-
taille de l'Ouest, devant Garibaldi, fourrier de
Victor-Emmanuel, ou devant les régiments de
Guillaume Ier, payaient de leur sang les idées
révolutionnaires, les principes de gauche, favo-
rables à l'étranger seul, et donnaient l'exemple
vivant de ce qu'il eût fallu faire avec résolution
et avec esprit de suite pour le salut et l'intérêt
de la nation française. Leur hymne, où le nom
de Rome est joint au nom de la France, rappelle
avec raison qu'en sauvant la Ville catholique on
eût en même temps sauvé notre pays.

Tandis que les politiques et les diplomates
vacillaient, Charette et ses soldats, fermes dans
leurs traditions et guidés par elles, allaient à
l'action dans le sens français. C'est pourquoi
Proudhon, penseur intrépide, philosophe sans
parti, lorsqu'il brave l'opinion de son temps pour
s'opposer au mouvement insensé qui emportait
les Français vers la cause de l'Italie-une, Prou-
dhon reconnaît et atteste que c'est à l'extrême
droite que se trouvent la sagesse, la prévoyance
et la vérité nationale. Cet accord de Charette et

de Proudhon, du soldat et du critique, c'est un des plus beaux exemples de l'entente naturelle et spontanée qui, en vingt circonstances, s'est faite au dix-neuvième siècle entre les plus traditionnels et les plus libres esprits. Et cette entente se renoue sous nos yeux, plus étroite et plus active que jamais, depuis que l'imminence du danger a révélé aux Français que de funestes erreurs les conduisent aux abîmes.

Dès qu'on se place au point de vue de l'intérêt national, on est obligé de constater que les idées révolutionnaires coïncident avec le désastre et la ruine, les idées de contre-révolution avec le bien public. Le Play, à la recherche de la meilleure organisation des sociétés, considérait la prospérité des peuples comme le seul signe certain de l'excellence de leurs coutumes. La prospérité, la réussite, le succès, il ne doit pas y avoir d'autre criterium, en effet, pour nous autres hommes qui vivons la dure vie de ce monde. Or, comment jugera-t-on une philosophie politique qui, après une expérience de cent vingt années, ce qui est une expérience assez complète, n'a réussi qu'à gâcher les ressources naturelles de notre pays, à perdre ses plus beaux avantages, à compromettre sa situation et ses chances, à le laisser enfin abaissé et menacé, mais au profit de l'étranger ? Le patriote, surtout s'il a conscience que le nationalisme français trouve une justification supérieure dans les siècles de civilisation et de culture qu'il représente, le patriote se voit désormais contraint de renoncer à la démocratie, au libéralisme, à l'idéal républicain. Comme le disait Ernest Renan au moment où la France illusionnée célébrait le centenaire de 1789 : « En guerre, un capitaine toujours battu ne saurait être un grand capitaine ; en politique, un principe, qui, dans l'espace de cent ans, épuise une nation, ne saurait être le véritable. »

Le principe de 1789, c'est le mauvais capitaine qui conduit aux désastres. Nous voyons aujourd'hui qu'il est responsable de toutes les défaites et de tous les deuils français. La nation qui accueillit jadis avec un enthousiasme insensé ces idées de mort et de ruine en a souffert trop de maux pour pouvoir les aimer encore et les regretter jamais.

Bismarck et la France

D'APRÈS

LES MÉMOIRES DU PRINCE DE HOHENLOHE

I

LES SUITES D'UNE MÉDIATISATION DE 1806.

La publication des *Mémoires* du prince Clovis
de Hohenlohe-Schillingsfürst (1) fera date dans
l'histoire de l'Allemagne contemporaine, moins
peut-être encore par les choses que ce livre a
dévoilées que par le mouvement d'opinion
dont il aura été l'origine. Les souvenirs d'outre-
tombe du prince de Hohenlohe ont donné
un mauvais exemple à une aristocratie que
ses maîtres ont pourtant disciplinée, dans les
bureaux comme aux armées, aussi sévèrement

(1) *Denkwürdigkeiten des Prinzen Chlodwig zu Hohen-
lohe-Schillingsfürst*, im Auftrage des Prinzen Alexander
zu Hohenlohe-Schillingsfürst herausgegeben von Friedrich
Curtius ; Deutsche Verlags-Anstalt, Stuttgart, 1907.

que Louis XIV avait dressé la sienne au service
de la cour. Derrière les indiscrétions de l'ancien
chancelier, qui n'épargnent ni les souverains ni
les héros de l'Empire, qui ne ménagent pas
même les secrets d'Etat, un vent de fronde s'est
levé à Berlin. Un esprit d'impatience et de sé-
dition, qui n'a rien de commun avec la mau-
vaise humeur des libéraux et des démocrates, a
soufflé sur le monde des plus grands et des
moindres seigneurs de l'Allemagne nouvelle.
On se rappelle les incidents divers qui ont suivi
la publication de ces *Mémoires* : l'émotion à
Saint-Pétersbourg et à Vienne, la colère impé-
riale, la disgrâce du prince Alexandre de Hohen-
lohe, préfet de Colmar, fils du prince Clovis,
et l'agitation de la faction bismarckienne,
encore vivante et qui n'a pas désarmé. Toutes
ces circonstances, tous ces mouvements, toutes
ces intrigues de chancelleries et de cours, sont
significatifs comme les indiscrétions de l'an-
cien ministre elles-mêmes : elles accusent le
malaise allemand, les difficultés auxquelles
doit presque quotidiennement faire face un pou-
voir cependant fort, mais dont les origines sont
trop récentes pour qu'il ne se trouve pas de
temps en temps aux prises avec les compli-
cations du passé. Les *Mémoires* du prince de

Hohenlohe ont un caractère d'indépendance et de vengeance posthume. C'est un souvenir de la vieille anarchie allemande, du particularisme et de la féodalité. Et rien n'est aussi propre à éveiller l'inquiétude des nouveaux empereurs d'Allemagne que ces souvenirs-là.

On définirait d'un mot le prince Clovis de Hohenlohe-Schillingsfürst en disant qu'il fut toujours un mécontent. Ce grand dignitaire, ce haut chancelier de l'Empire, ce favori de Bismarck n'était pas satisfait de son sort, en dépit des honneurs et de la fortune, en dépit d'une ambition satisfaite, d'une carrière heureuse et courue avec la conscience du but à atteindre et des moyens à employer. Le prince de Hohenlohe, du commencement à la fin de sa vie politique, rendit d'importants services à la Prusse. Ce fut un des plus actifs, un des plus habiles, un des moins scrupuleux ouvriers du nouvel ordre de choses allemand. Mais nous savons aujourd'hui que la sincérité n'y était pas. Le prince prêtait à la Prusse et à l'Empire son activité et ses talents. Il avait reconnu de bonne heure que c'était le plus utile emploi qu'il en pût faire. Cependant il réservait quelque chose de lui-même, il ne consentait pas à se donner tout entier. Ses *Mémoires* prouvent qu'il faisait

nettement le départ entre ses fonctions et sa
personne, qu'il conservait son quant à soi.
Associé à une œuvre commune, à de ces grandes
affaires d'Etat qui arrachent l'homme à lui-
même et par leur intérêt supérieur absorbent
l'individu, on le voit pourtant juger toutes
choses d'un point de vue strictement Hohen-
lohe. Egalement détesté de tous les partis, il
n'en était pas auquel il fût attaché par une sym-
pathie véritable. Haut fonctionnaire de Bavière
et de Prusse, il n'était pas de là plus que d'ail-
leurs. Il eût trouvé très naturel et très bon qu'on
érigeât pour lui et les siens le gouvernement
d'Alsace-Lorraine en charge héréditaire, ou
tout autre gouvernement à défaut de celui-là. En
somme, le prince de Hohenlohe cherchait ses
commodités dans l'Allemagne nouvelle et uni-
fiée et ne trouvait jamais qu'il fût avantagé
selon ses ambitions et selon ses mérites. Il
demandait à l'Empire de le possessionner le
mieux possible. Libre d'humeur et d'esprit
quant au reste, Hohenlohe demeurait, au fond,
comme ses ancêtres, prince immédiat du corps
germanique.

Suivant la remarque d'Auguste Himly, l'émi-
nent géographe-historien qui vient de mourir,
c'est toujours à la Révolution française qu'il

faut remonter pour comprendre l'Allemagne contemporaine. Si les Hohenlohe n'avaient été médiatisés en 1806, avec tant d'autres princes, par la volonté de Napoléon, imprudent niveleur du chaos germanique (1), quelle eût été leur histoire au dix-neuvième siècle ? Souverains de cent mille sujets, ils se fussent occupés de défendre leur indépendance et leurs privilèges, cherchant secours tantôt en Autriche contre la Prusse, tantôt en Prusse contre l'Autriche, tantôt ligués avec la Bavière, tantôt visant à s'arrondir à ses dépens, au besoin subventionnés par la France vers laquelle des princes catholiques, cultivés et chez qui le goût des choses françaises était naturel se sentaient

(1) En même temps que les Hohenlohe, l'acte constitutif de la confédération du Rhin du 12 juillet 1806 priva de leur indépendance et de leurs droits de souveraineté, avec les trois villes libres d'Augsbourg, de Nuremberg et de Francfort, les illustres familles de Tour et Taxis, de Furstenberg, de Schwarzenberg, d'Auersperg, de Solms de Ligne, etc. Cet acte de 1806 aggravait encore le recez de 1803 et le traité de Presbourg qui, par toutes sortes d'échanges de territoires et d' « apurements de frontières », aidaient l'Allemagne à sortir de son chaos, groupaient sa poussière d'Etats, avançaient d'une étape l'unité future et détruisaient l'œuvre des traités de Westphalie, sécurité de la France. (Sur le recez de 1803 et l'acte de 1806, voir HIMLY, *Histoire de la formation territoriale des Etats de l'Europe centrale*, I, p. 326 et ss)

attirés (1). Si les bouleversements de la Révolution et de l'Empire n'avaient métamorphosé l'Europe centrale, si l'histoire du dix-neuvième siècle eût été ce qu'elle devait être, la France aurait trouvé en Franconie, dans la personne de ces petits princes autonomes, sinon des alliés sûrs, du moins des protégés utilisables moyennant argent La médiatisation de 1806 transforma Clovis de Hohenlohe-Schillingsfürst en partisan de l'unité allemande. Et c'est le contre-coup des victoires napoléoniennes qui fit de lui un ambassadeur de Prusse à Paris, un statthalter d'Alsace-Lorraine et un chancelier de l'empire allemand.

Ni ses goûts, ni sa religion, ni son origine, rien n'appelait Hohenlohe du côté de la Prusse, si ce n'est son ambition. Sa nationalité, depuis la médiatisation, était bavaroise. Les tendances de sa famille, autrichiennes. Le prince François-Joseph, son père, avait été élevé à Parme et à Vienne. Un de ses frères, le prince Constantin,

---

(1) Il y a même eu un Hohenlohe au service de la France et qui devint complètement français. Louis-Aloys de Hohenlohe-Waldenburg-Bartenstein, après avoir commandé un régiment de l'armée de Condé et occupé divers postes en Hollande et en Autriche, servit la France à partir de 1814. Naturalisé sous la Restauration, il mourut en 1829, maréchal et pair.

sera grand-maître de la cour d'Autriche. Au contraire, et de fort bonne heure, le prince Clovis regarda vers la Prusse. C'est que, doué très jeune de vastes convoitises pour les honneurs et le pouvoir, il avait pressenti que l'avenir était là. Sa clairvoyance, ses capacités politiques, et surtout sa volonté de parvenir, expliquent toute sa carrière « allemande ».

Grand seigneur médiatisé, réduit à son domaine utile et à un siège héréditaire à la chambre haute de Bavière, en quoi Clovis de Hohenlohe se fût-il senti Bavarois ? Et en quoi se fût-il senti Allemand ? Entre le Rhin et la Vistule, l'idée de patrie n'existait pas au dix-neuvième siècle pour les gens de qualité. La « patrie allemande », *das deutsche Vaterland*, on laissait cela aux étudiants et aux braillards de brasserie. Plus encore que le patriotisme, Hohenlohe ignorait le loyalisme. Quel lien personnel eût rattaché aux Habsbourg, aux Hohenzollern, aux Wittelsbach, aux Zæhringen ou aux Guelfes un féodal qui, au fond, se tenait, malgré la médiatisation, pour l'égal des chefs de ces dynasties ? S'estimant libre de toute obligation, aussi intelligent qu'ambitieux, Clovis de Hohenlohe ne fut jamais embarrassé pour changer de gouvernement au mieux de sa carrière. Il servit deux rois, se déclara, — non sans la réserve et l'ironie qui appartiennent à l'héritier de princes régnants, — très humble sujet de tous les deux. Mais il ne se crut pas plus engagé envers l'un qu'envers l'autre, et traita avec eux comme avec ses pairs.

Deux exemples montrent bien quelle était l'inconsistance des opinions, des idées et des nationalités dans l'Allemagne de ce temps-là. Ces exemples sont fournis par Hohenlohe et par Beust. Tous deux, ministres de monarchies moyennes mais indépendantes, passèrent le plus naturellement du monde au service de plus grandes maisons. Le comte de Beust, après 1866 et l'échec de ses plans, se désintéressa subitement des destinées de la Saxe et devint ministre de l'empereur d'Autriche ; le prince de Hohenlohe, ministre des affaires étrangères et président du conseil en Bavière avant 1870, abandonna sans esprit de retour Munich pour Berlin quand les affaires furent devenues sans intérêt auprès de son ancien maître, et recueillit aussitôt après la fondation de l'empire la récompense de sa perspicacité et des services rendus à la Prusse au détriment de la dynastie de Wittelsbach. De telles mœurs n'étaient possibles qu'en Allemagne et dans l'Allemagne d'alors.

Imagine-t-on un ancien ministre du roi des Belges occupant tout à coup le quai d'Orsay? Tel serait pourtant chez nous l'équivalent du cas de Hohenlohe et de Beust. Rien ne prouve mieux que l'Allemagne n'existait pas il y a quarante ans encore, sinon dans l'idée de quelques ambitieux et de quelques rêveurs, et qu'il s'en est fallu de peu qu'elle dût se contenter à jamais de cette existence idéale.

Le prince de Hohenlohe, s'il ne l'a dit, a certainement pensé en même temps que le comte de Beust le mot célèbre, et d'ailleurs juste, du ministre de Saxe : « Décidément, M. de Bismarck « est toujours favorisé par la chance. » Beust le disait par dépit et comme un homme battu par un rival heureux. Hohenlohe le pensa pour régler sa conduite et organiser sa vie d'après cette certitude qu'il n'y avait plus rien d'intéressant ni d'avantageux à faire, pour un homme comme lui, dans l'Allemagne de son temps, qu'avec la Prusse et à la suite de Bismarck.

Le premier volume des *Mémoires* de Hohenlohe raconte en effet comment le prince se fit le meilleur agent de la Prusse dans l'Allemagne du Sud, et particulièrement en Bavière, avant d'être récompensé par les plus hauts postes que put lui offrir le régime nouveau. Cette partie du

Journal n'intéresse pas la France aussi directement que les chapitres qui suivent. Mais elle donne l'image de l'Allemagne dans les derniers jours de son émiettement, et apporte un surcroît de lumière sur les événements qui précipitèrent, avec nos défaites, la formation de son unité.

AU SERVICE DE LA PRUSSE.

Dès 1864, dès le commencement du règne du jeune roi Louis II, le prince de Hohenlohe intriguait pour devenir ministre. Il était déjà deviné et redouté par tous les patriotes bavarois, les particularistes, les catholiques, les ennemis de Berlin. La cour, principalement, le détestait. Et il le savait bien. Il se savait aussi soutenu par tout ce que le pays comptait de libéraux, d'anticléricaux et d'antiautrichiens, qui étaient en même temps les partisans de la Prusse. Au parlement comme dans l'opinion, les libéraux étaient assez puissants en ce temps-là en Bavière et le jeune roi, fort indifférent à la politique, occupé d'art et de wagnérisme, ne demandait, pour être tranquille, qu'à gouverner constitutionnellement. Hohenlohe croyait donc son heure venue. Mais Louis II l'écarta de prime abord pour une raison que nous apprend

Hohenlohe lui-même. « Malgré l'opinion publique, « je ne suis pas devenu ministre », écrit le prince le 23 novembre 1864. « La maison de Bavière « ne veut pas d'un médiatisé pour ministre. Ce « doit être une politique dynastique », ajoute-t-il ironiquement. Le roi de Bavière avait raison de se méfier des médiatisés. Nous avons vu qu'il pouvait à bon droit redouter leur esprit d'indépendance et de ressentiment.

Un curieux document nous apprend quelles étaient les idées politiques de Hohenlohe, aspirant au gouvernement bavarois, vers le temps de la guerre des Duchés. Ce sont deux rapports sur l'état et l'avenir des pays allemands adressés à la reine d'Angleterre selon le désir de celle-ci. Ces rapports font d'ailleurs honneur au sens critique de Hohenlohe, qui avait admirablement compris la politique bismarckienne et prévoyait ce qui allait sortir de la querelle des Duchés : la guerre avec l'Autriche, cette puissance exclue des affaires allemandes, finalement l'unité au profit des Hohenzollern. Hohenlohe devine ces événements avec une netteté où sa complicité transparaît. Il annonce l'échec de Beust et de l'Autriche ; il ne peut s'empêcher de railler les efforts des inventeurs de la Triade, et ceux des monarques du Sud qui croient pouvoir échapper au grand coup de filet bismarckien. L'absence absolue d'une foi, d'un intérêt quelconque aux destinées de la Bavière se montre clairement dans ce prophétique rapport. On sent que les vœux du prince vont ailleurs qu'à son pays légal, et qu'il n'aspire qu'à se joindre à la force et au succès.

Le même persiflage qui, appliqué aux affaires de l'Empire, a exaspéré Guillaume II, Hohenlohe s'en servait dans son *Journal* aux dépens de la Bavière, de ses princes et de ses ministres. Pendant toute la guerre de 1866, il ne ménage aucune de ses ironies à l'armée bavaroise. Ses sympathies sont ouvertement prussiennes. Le jour de la rupture des relations diplomatiques, il a, en public, dédaignant le scandale et les reproches des patriotes bavarois, conduit à la gare son beau-frère, le prince de Sayn-Wittgenstein, attaché à l'ambassade de Prusse. La seule préoccupation du prince pendant toute la guerre (car le succès des Prussiens ne paraît pas avoir fait doute à ses yeux), c'est de savoir si la France interviendra ou non. Son soulagement se lit entre les lignes lorsque tout est fini sans que Napoléon III ait bougé. « Je considère la cata-« strophe présente avec un grand calme », écrit-il le 13 juillet 1866. Et il ajoute : « Cette cata-

« strophe est salutaire, car elle déblaye en Alle-
« magne tout un état de choses usé et vieilli, et
« surtout parce qu'elle démontre *ad hominem*
« aux petits et moyens Etats leur misère et leur
« néant. J'accorde que c'est un désastre pour les
« dynasties. Mais c'est un grand bonheur pour
« les peuples. » C'est en apparence le « patriote
allemand » qui parle ici. Mais le médiatisé
fait peut-être entendre aussi son cri de rancune
et de vengeance. A preuve cette plaisanterie
amère sur les princes dépossédés de 1866 :

Le prince de Nassau est ici. Il porte des lunettes
bleues, ce qui ne lui donne pas un air banal. Il est
en uniforme et je ne sais diable pas pourquoi. Les
Prussiens lui ont peut-être enlevé ses habits civils !
Je comprends très bien, j'excuse même, du point de
vue humain, que ces princes chassés, ou, comme
on dit aujourd'hui, dépossédés, demandent l'appui
des puissances étrangères contre la spoliation prus-
sienne. Mais rien, du point de vue allemand, ne
légitime leurs efforts, et il faut souhaiter, dans l'in-
térêt de l'Allemagne, que leurs intrigues échouent.

Le point de vue allemand, l'intérêt de l'Alle-
magne, ce n'était, pour le prince de Hohenlohe,
qu'un prétexte. Il s'en servit pour faire en
Bavière le jeu de Bismarck et préparer une belle
carrière allemande à l'héritier des souverains

« dépossédés » de Hohenlohe, ex-électeurs du Saint-Empire.

Vers le moment où Hohenlohe se voyait écarté du ministère bavarois, sa belle-sœur, la princesse Constantin de Hohenlohe (celle dont le mari était grand-maître de la cour d'Autriche), portait sur lui ce jugement : « Dans mon beau-« frère Clovis, écrivait-elle, j'ai toujours vu un « caractère de transition. Par ses origines il te-« nait profondément aux idées féodales des « princes immédiats de l'Empire. En même « temps, il avait l'intelligence vive et comme « intuitive des aspirations libérales de notre « temps. Il appartenait à sa souriante philoso-« phie d'aplanir les difficultés et de concilier les « contraires. » Le prince immédiat, nous l'avons vu, était toujours vivant chez le fils de ce dernier souverain régnant de Hohenlohe qui, ayant gagné à la bataille d'Austerlitz et à la paix de Presbourg d'être dépouillé de ses droits, s'enferma dès lors dans sa résidence et bouda également Napoléon, la Bavière, la Prusse, l'Autriche et son siècle. La médiatisation explique tout Clovis de Hohenlohe, et même les idées libérales que lui attribuait sa belle-sœur.

Le libéralisme, au cours des années qui pré-cédèrent 1870 et la fondation de l'Empire, fut, dans l'Allemagne du Sud, l'agent de l'unité et de la prussification. L'ambition de Hohenlohe lui indiquait que, pour parvenir, il fallait aller du côté prussien. Et c'est en se faisant libéral qu'il devenait possible, pour un Bavarois, de passer à la Prusse. L'adhésion du prince de Hohenlohe aux idées libérales n'alla pas plus loin. Dans son attitude anticléricale, dans sa lutte contre les jésuites, dans sa manifestation contre l'Infaillibilité, il ne faut voir que l'expression d'une nécessité de politique pratique et appliquée. Les *Mémoires* ne contiennent pas un atome de philosophie libérale. Les personnes, les cas, les situations et les relations comptaient seuls pour ce diplomate. Le mouvement d'opposition à l'Infaillibilité, qui prit un instant un caractère si grave en Allemagne, et auquel il collabora avec activité, ne fut pour lui qu'une occasion de diviser le parti catholique et particulariste de Bavière. Il se souciait bien des principes et des doctrines! Quand l'unité sera faite et le particularisme réduit à l'impuissance, il ne songera plus à la théologie et abandonnera d'un cœur léger Dœllinger et le Vieux Catholicisme, comme Bismarck, après s'être servi d'eux, les abandonna lui-même.

Le libéralisme fut, pour l'ambitieux et perspicace Hohenlohe, le prétexte de sa conversion aux idées de Bismarck et le moyen d'engager la Bavière dans la voie de l'unité allemande. Le ministère libéral qu'il dirigea pendant trois ans ne fut que l'instrument de la politique bismarckienne.

Le 22 août 1866, avait été conclu entre la Prusse et la Bavière le traité d'alliance qui fut à peu près la seule exigence du vainqueur, et qui était destiné avant tout à exclure l'union de la Bavière, de l'Autriche et de la France contre la Prusse. Napoléon avait laissé échapper l'occasion. Sadowa, Kissingen, Langensalza, les trois victoires prussiennes, développaient leurs conséquences. La Bavière avait été, contre toute raison, contre toute attente, abandonnée par la France. Le journal de Hohenlohe confirme que le baron Perglas, venu à Paris dès le début des hostilités, ne fut même pas reçu par Napoléon III. Vaincue, la Bavière dut accepter la protection prussienne, renoncer à sa politique traditionnelle, et reporter de Vienne à Berlin son centre de gravité. D'ailleurs la fameuse circulaire La Valette venait d'être rendue publique. L'empereur des Français y affirmait une fois de plus les idées de la politique napoléonienne, et déclarait qu'au nom du principe des nationalités la France était toute prête à reconnaître l'unité allemande, et se ferait scrupule de s'y opposer. Il est frappant de retrouver dans le *Journal* de Hohenlohe les termes de ce document célèbre et qui mérite de rester comme l'acte d'accusation de l'Empire et des Bonaparte. « Le peuple français, écrivait donc Hohenlohe, a de trop grands sentiments, trop de noblesse, et trop conscience de lui-même, pour redouter la constitution d'une Allemagne unifiée. » Il faut lire cela repensé et transposé en allemand, avec les propres mots (1) dont s'était servi Napoléon III, le véritable auteur de ce message historique, pour en saisir toute la portée et comprendre à quel point la politique napoléonienne, comme le constatait hier encore le prince de

(1) « La Prusse agrandie, libre désormais de toute soli-
« darité, assure l'indépendance de l'Allemagne. La France
« n'en doit prendre aucun ombrage. Fière de son admi-
« rable unité, de sa nationalité indestructible, elle ne
« saurait combattre ou regretter l'œuvre d'assimilation
« qui vient de s'accomplir et subordonner à des sentiments
« jaloux ces principes de nationalité qu'elle représente et
« professe à l'égard des peuples. Le sentiment national de
« l'Allemagne satisfait, ses inquiétudes se dissipent, ses
« inimitiés s'éteignent. En imitant la France, elle fait un
« pas qui la rapproche et non qui l'éloigne de nous. » (Circulaire de M. de la Valette, ministre des affaires étrangères par intérim, aux agents diplomatiques du gouvernement français, en date du 16 septembre 1866.)

Bülow à la tribune du Reichstag, a favorisé les grandes transformations européennes qui, toutes, se sont faites contre la France.

Le cours nouveau pris par les événements à la suite de la catastrophe de 1866, la disparition de l'influence autrichienne dans l'Allemagne du Sud, la consternation des cours et l'abattement du particularisme, l'ascendant d'un vainqueur qui offrait son amitié l'épée à la main, ces circonstances seules rendirent possible l'avènement d'un ministère Hohenlohe. Le jeune roi Louis II, médiocrement affecté par la mauvaise issue de la guerre et plus sensible au trouble de sa tranquillité privée qu'au danger prussien, se décida, malgré l'opposition des princes de sa famille, qui lui représentaient Hohenlohe comme un traître, à signer sa nomination le 31 décembre 1866. Il ne marqua d'ailleurs pas plus d'attachement à ce ministre-là qu'aux autres, n'eut guère de rapports avec lui que par l'intermédiaire de son chef de cabinet, et ne lui montra, comme à la presque totalité de ses contemporains, qu'une dédaigneuse indifférence. Hohenlohe la supporta aussi aisément que la haine des princes de la famille royale. Il note avec le ton ironique qui lui est ordinaire que le jour du mariage de la duchesse Sophie et de

Monseigneur le duc d'Alençon, le prince Charles ne l'a salué que de loin, « avec la figure que l'on fait lorsqu'on rencontre un scorpion ».

Parvenu au ministère, Hohenlohe mit toute son activité au service de l'unité et de la Prusse. Son programme était celui du patriotisme allemand, avec d'adroites réserves en faveur de l'autonomie de la Bavière et des prérogatives de la dynastie de Wittelsbach. Dès ses premières déclarations, Bismarck, enchanté, le faisait féliciter par l'ambassadeur de Prusse à Munich, le prince de Reuss Ce ne fut pas une des moindres chances du plus constamment heureux des politiques que de trouver un complice dans cet Allemand du Sud, ambitieux et sans scrupules, si habile à paraître défendre l'intérêt d'un pays (dont il était à peine) et d'un souverain (dont il contestait à part lui l'autorité), alors qu'il travaillait uniquement à préparer une médiatisation dont l'éclat effacerait et vengerait l'humiliation de celle des Hohenlohe.

Comme si la fortune eût voulu donner un dernier et inutile avertissement à la France, et lui indiquer la politique qui aurait pu et qui aurait dû être faite, les élections bavaroises amenèrent au Landtag, à la fin de l'année 1869, une majorité catholique et particulariste. L'idée

allemande, forte dans les villes et parmi les
classes moyennes, était identifiée par la masse
de la population au plus haïssable des régimes :
le caporalisme prussien. La caserne, la bureau-
cratie et le protestantisme, cette trinité symbo-
lisait l'unité aux yeux des vieux Bavarois. Il
aurait fallu se servir de cette répulsion populaire,
combinée avec l'inquiétude des petites cours,
pour maintenir l'Allemagne dans sa division et
arrêter les plans déjà trop avancés de Bismarck.
A ce moment encore, Napoléon III ne tenta
rien que de maladroites invites diplomatiques.
Le marquis de Cadore, notre représentant à
Munich, fit des ouvertures à Hohenlohe lui-
même. Il prenait bien son temps ! Il est vrai
qu'engagé par le système et désarmé par les
erreurs du règne, le gouvernement de Napo-
léon III ne pouvait plus rien faire que de com-
mettre les fautes extrêmes.

Un vote de la nouvelle assemblée bavaroise,
blâmant la politique du prince de Hohenlohe et
exprimant la défiance du pays à son égard,
l'obligea de se retirer au commencement de
l'année 1870. C'était fini de sa carrière bavaroise.
Mais son œuvre était accomplie. Il avait resserré
les liens politiques et diplomatiques entre les
Etats du Sud et la Confédération du Nord ; il

avait mis l'armée bavaroise en état de participer effectivement à toute guerre entreprise sous la direction de la Prusse. Il avait même, autant qu'on peut juger, à peu près convaincu Louis II que la seule manière de conserver son trône était de se montrer fidèle à la Prusse et déférent envers son roi Tous ces services, que ne lui pardonnaient pas les patriotes de Bavière, valurent à Hohenlohe la reconnaissance de la cour prussienne. Le 10 mai, peu de temps après sa démission, le roi Guillaume lui adressait ce témoignage de satisfaction : « Cher prince, en « témoignage de ma haute considération et de « ma confiance, je vous envoie la grand'croix « de mon ordre de l'Aigle rouge qui renseignera « le monde sur l'état de nos relations. » C'était pour Hohenlohe, en cas de succès de l'œuvre bismarckienne, la promesse des grandeurs auxquelles il avait aspiré toute sa vie.

Quand il y réfléchit plus tard, Hohenlohe s'aperçut que sa chute de 1870 avait été le plus grand bonheur de sa carrière. Absent des affaires au moment de la guerre avec la France, il ne fut exposé à aucune des responsabilités qu'eût entraînées une défaite, et il garda le mérite d'avoir engagé une décision qu'il n'eut pas le risque de prendre. Envers Bismarck, son vrai maître, il avait rempli tout son devoir. Il n'éprouva donc que de médiocres inquiétudes quand le moment fut venu où la Bavière dut se résoudre à remplir les conventions du pacte fédéral et à marcher avec la Prusse. Louis II se décida après des hésitations et sans doute à contre-cœur. Les soldats bavarois se firent bravement tuer. Et c'était Clovis de Hohenlohe qui, ayant préparé tous ces sacrifices, devait en recueillir le fruit.

Les *Mémoires* du prince nous obligent à poser une fois de plus l'irritante question. Etait-il possible, même à cette extrémité des choses, d'empêcher la catastrophe de 1870 et cette catastrophe des catastrophes : la formation d'un Empire allemand? N'y avait-il pas moyen, même à ces derniers degrés de la pente, de retenir encore l'Allemagne dans un état en faveur duquel conspiraient tant d'intérêts et tant d'habitudes ? Les notes prises par le prince au cours de la guerre montrent une fois de plus que l'unité ne se fit ni si aisément ni si naturellement que nos professeurs l'enseignent. Ses partisans et ses auteurs furent souvent inquiets du tour que prenait l'affaire et des difficultés qui renaissaient sans cesse de tous côtés. Qu'on n'estime pas superflue notre insistance à revenir sur ces détails historiques. Ce passé est d'hier. Il nous talonne encore. Ce n'est pas par un vain goût de l'hypothèse ou de l'histoire imaginaire qu'on se représente toutes les possibilités qui, dans des circonstances décisives pour l'avenir de la nation française, furent gâchées et négligées en conformité des funestes principes posés par la Révolution et appliqués par la politique napoléonienne. La véritable politique française, celle des traités de Westphalie, celle de Richelieu, de Vergennes et de Talleyrand, éprouvée par une expérience de deux siècles, était si naturelle, répondait si bien à la nature des choses, que jusqu'au moment où l'œuvre de nos hommes d'Etat fut irrémédiablement détruite, des occasions apparurent qui eussent permis de la continuer. Ce sont au moins des indications sur le cours différent que les événements du xixe siècle auraient pris à l'avantage de la France, si la France avait, à ces dates critiques, possédé les institutions qui sont garantes du bien public.

Il paraît aujourd'hui certain qu'en 1870, après tant d'erreurs et de fautes commises, quelques chances de salut s'offraient encore à nous. Nous parlerons plus loin de la question des alliances avant la guerre et des difficultés que rencontra Bismarck jusqu'à la dernière époque de l'uni-

fication allemande. Les *Mémoires* que nous exa-
minons contiennent sur ce sujet des notes inté-
ressantes. Le prince de Hohenlohe rapporte, à la
date du 20 août 1870, ce mot du comte Bray
(ministre de Bavière) au comte Stadion : « Vous
avez été bien sots, en Autriche, de ne pas nous dé-
clarer la guerre dès que nous avons marché avec
la Prusse », ce qui indique au moins un mé-
diocre enthousiasme à « marcher ». Le 29 août :
« Le roi Louis II n'est pas encore mûr pour des
résolutions allemandes. » Le 28 novembre, au
moment des négociations de Bismarck avec les
princes à Versailles, Hohenlohe s'inquiète de
leur résistance et de leurs exigences : « Le prince
« héritier de Saxe est plus antiprussien que
« jamais. Weimar est sous son influence et,
« au commencement, s'est montré très hostile à
« l'idée impériale... » Le 2 décembre, c'est sur
l'état de l'opinion en Bavière que les doutes le
prennent : « L'accord de Versailles est trouvé
« mauvais par le parti progressiste, et les ultra-
« montains travaillent aussi contre lui... S'il
« échoue, les ultramontains sont assez forts pour
« obtenir l'isolement et le rendre acceptable au
« pays. La clique autrichienne-française-ultra-
« montaine fera tout son possible pour nous
« mettre dans les mains de l'Autriche. » Et c'est

en songeant à ces incertitudes des journées de Versailles que Bismarck, respirant enfin, disait quelque temps après à Hohenlohe lui-même : « Je n'ai eu qu'une fois de grandes craintes, et c'est là-bas. Si la Bavière n'avait pas accepté, nous en aurions eu pour des siècles d'être en hostilité avec le Sud. » D'ailleurs le sceptique, l'ironiste détaché des choses qui logeait dans le cœur de Hohenlohe, ne peut s'empêcher de sourire au spectacle des intérêts et des ambitions déchaînés en Allemagne par la victoire. « Le « Wurtemberg », note-t-il le 14 décembre, « a « voulu, à Versailles, obtenir la principauté de « Hohenzollern ; Darmstadt demandait la Hesse « septentrionale et une partie du Palatinat, mais « tous deux ont été résolument écartés par Bis- « marck. Les Prussiens parlent alors de *mar-* « *chandages d'âmes* et de *trafic de royaumes.* Mais « quand on leur objecte l'Alsace-Lorraine, ils ré- « pondent : C'est une autre affaire. On la forcera. » La victoire de 1870 promettait une curée dont se réjouissaient les principicules. Mais le roi de Prusse, Bismarck, et Hohenlohe après eux, furent seuls à profiter de nos dépouilles.

Député au Reichstag dans l'Allemagne enfin constituée, le prince de Hohenlohe saisit avec empressement cette occasion de se rapprocher

du soleil. Ce fut le moment de récolter après avoir
si bien semé. L'empereur Guillaume, le Kron-
prinz, Bismarck et, chose plus rare, les prin-
cesses elles-mêmes l'avaient pris en affection,
ceux-ci pour les services rendus, celles-là pour
la finesse de son esprit et l'agrément de ses ma-
nières. C'est ainsi que le prince de Hohenlohe
s'éleva aux honneurs et aux plus hauts postes du
nouvel Empire. En mai 1874, il était nommé
ambassadeur d'Allemagne à Paris et remplaçait
le comte d'Arnim, mis en disgrâce pour avoir
désobéi au chancelier et refusé de prêter son
appui, comme il en avait l'ordre, au parti répu-
blicain français.

III

LA MISSION D'UN AMBASSADEUR D'ALLEMAGNE
A PARIS SOUS LA TROISIÈME RÉPUBLIQUE.

Les recommandations que fit Bismarck à Hohenlohe avant que celui-ci quittât Berlin comportent un haut enseignement politique. On connaît ces « instructions aux ambassadeurs » des ministres de notre monarchie, qui forment un corps d'admirables leçons diplomatiques où l'expérience de plusieurs siècles se trouve résumée. Depuis Charnacé jusqu'au comte d'Esterno, tous les ambassadeurs du roi aux pays d'outre-Rhin recevaient la mission d'entretenir en Allemagne la division et l'impuissance. C'est la même politique que Bismarck, à la tête de l'Empire allemand, se proposait d'appliquer à la France vaincue. La République, le gouvernement des partis, devait jeter notre pays, au lendemain de ses défaites, dans le même état d'anarchie où la multiplication des souverainetés avait plongé les peuples germaniques épuisés par la guerre de

Trente ans. Bismarck savait que le plus grand
bénéfice de la victoire ne consiste pas à arracher
au vaincu des provinces et de l'argent, mais à
prendre sur lui un tel ascendant qu'il ne puisse
plus agir avec liberté, même dans ses affaires
intérieures. Ce que Richelieu et Mazarin avaient
fait en Allemagne au moyen des traités de West-
phalie et de la Ligue du Rhin, Bismarck le re-
commença pour nous en aidant par l'intrigue et
par la menace à la fondation de la République.
La constitution de 1875 peut être considérée
comme l'acte additionnel du traité de Francfort.
Ce n'est pas celui auquel Bismarck tenait le
moins.

La République étant, en France, le régime le
plus favorable à l'Allemagne, c'était celui que
devait appuyer l'ambassadeur allemand pendant
tout le temps où la forme du gouvernement serait
en question chez nous. Les instructions de Bis-
marck étaient formelles. Tout patriote français
devrait en connaître l'esprit et en graver dans
sa mémoire la vigoureuse expression :

Sur la France, note Hohenlohe le 2 mai 1874, au
sortir d'une entrevue avec le chancelier, *Bismarck me
dit qu'avant tout nous avions intérêt à ce qu'elle ne
devînt pas assez forte à l'intérieur ni assez considérée à
l'extérieur pour arriver à se faire des alliés. Une*

*République et des discordes civiles seraient une garantie
de la paix. Le prince convenait qu'une République
forte serait sans doute un mauvais exemple pour l'Eu-
rope monarchique. Cependant, si je l'ai bien compris,
la République lui paraît moins dangereuse que la Mo-
narchie qui favoriserait à l'étranger toute espèce de
désordre... De tous les monarques de France, les Bo-
naparte sont pour nous les meilleurs. Mais le mieux
serait encore que la situation présente pût durer.*

C'étaient les mêmes instructions qu'avait reçues
mais que n'avait pas suivies le comte d'Arnim au-
quel Bismarck écrivait : « Nous n'avons certaine-
« ment pas pour devoir de rendre la France plus
« forte en consolidant sa situation intérieure et
« en y établissant une monarchie en règle. » Et
ce n'était pas une vue particulière à Bismarck,
c'était aussi l'idée de l'empereur Guillaume. Seu-
lement le vieux souverain, toujours moins hardi
et plus conservateur que son ministre, ayant en
outre gardé sur Gambetta et le gouvernement de
la Défense nationale des illusions que n'avait
plus Bismarck, se méfiait un peu de la République.
Déjà la conversation qu'il eut avec Hohenlohe
à l'audience qui précéda le départ du prince pour
Paris, indiquait chez Guillaume Ier des ten-
dances qui devaient se développer sous une in-
fluence que nous verrons. Les préférences de

Guillaume Ier allaient évidemment au régime napoléonien. Il savait gré à Napoléon III d'avoir fait les affaires de la couronne prussienne et en même temps d'avoir déguisé le caractère démocratique et révolutionnaire de son pouvoir, caractère odieux à la pensée d'un souverain traditionnel. Aussi était-ce une approbation nuancée d'une réserve que l'empereur d'Allemagne donnait, devant Hohenlohe, au programme français de Bismarck :

7 mai 1874. — Aujourd'hui, audience de congé chez l'empereur. Il m'a reçu dans son cabinet, m'a fait asseoir en face de lui et a été très cordial. Il m'a dit que Bismarck, que j'ai vu aujourd'hui, lui avait fait part des instructions qu'il m'avait données. L'empereur souhaite de maintenir avec la France des relations aussi bonnes que possible. Bismarck attache une importance particulière à ce que la France ne devienne ni trop forte ni capable d'avoir des alliances. Cela est fort bon. Pourtant il ne serait ni possible ni convenable que nous travaillions nous-mêmes à mettre la France en révolution. Ensuite l'empereur parla des bonapartistes. Le tsar Alexandre et Gortschakoff lui auraient affirmé que ceux-ci gagnaient du terrain... « *Pour nous* », ajouta textuellement l'empereur, « *ce ne pourrait être qu'une* « *bonne affaire si les bonapartistes reprenaient le gou-* « *vernement, seulement je ne sais pas comment le jeune* « *homme de dix-huit ans* (le prince impérial) *gouver-* « *nerait un pays comme la France...* » — L'empereur en vint alors à me raconter une conversation qu'il avait eue autrefois avec Nigra. Il dit à Nigra, pour que ses paroles fussent répétées à Napoléon III : « *Je ne verrai pas l'unité allemande. Mon fils ne la* « *verra peut-être pas non plus. Pourtant elle viendra. Et* « *si Napoléon cherche à l'empêcher, ce sera sa perte.* » Cela fut redit à Napoléon, qui fit cette réponse : « Le « roi de Prusse se trompe. Je ne commettrai pas cette « faute. » — « *Et pourtant,* conclut l'empereur « Guillaume, *c'est bien ce qui est arrivé, quoique Napo-* « *léon n'ait pas commis sa faute.* »

Il y avait beaucoup de philosophie historique et politique dans la bonhomie du vieil empereur.

*
* *

Le journal de la mission du prince à Paris, de 1874 à 1885, est la partie la plus développée de ses *Mémoires*. Elle en est aussi la plus importante. On y trouve des preuves nouvelles de l'appui que prêta Bismarck à l'établissement de la troisième République. On y voit par quelle complicité inconsciente, naturelle et spontanée avec l'ennemi, les chefs républicains, Thiers, le libérateur du territoire, Gambetta, l'organisateur de la résistance, sacrifièrent la France à leur parti : l'intérêt de la République ayant exacte- tement et sur tous les points coïncidé avec l'intérêt de la Prusse. Et, si tout cela était connu déjà, connu de toute certitude, par la correspondance du chancelier et les souvenirs de Gontaut-Biron, les *Mémoires* du prince de Hohenlohe apportent une confirmation de plus à la thèse qui est tout entière exprimée dans ce titre que ratifiera peut-être l'histoire : « La République de Bismarck (1). »

Mais surtout, par des indiscrétions dont Bismarck paraît bien s'être gardé, même posthume, nous lisons maintenant, grâce à Hohenlohe, jusqu'au fond de la politique bismarckienne. Les derniers doutes, les dernières ambiguïtés se lèvent sur la participation de Bismarck aux affaires françaises après la guerre. Nous connaissons pleinement aujourd'hui ses intentions et son point de vue. Avec cette absence de retenue, avec ce scepticisme et ce dilettantisme qui trouvent leur explication dans sa qualité de prince médiatisé, Hohenlohe a dit l'essentiel en révélant les instructions qu'il avait reçues

---

(1) On trouvera dans la brochure que M. de Roux a publiée avec nous en 1905 aux éditions de la *Gazette de France*, outre une démonstration de cette thèse. les documents authentiques et révélateurs de la correspondance de Bismarck. C'est à cette brochure que nous renverrons pour les lettres de Gambetta et de Bismarck qui sont citées au cours de ce chapitre.

de son gouvernement. Sans égard aux consé-
quences que ses indiscrétions pourraient entraî-
ner dans la suite pour la politique allemande
(qui n'a plus varié depuis que Bismarck a fait
école et que le succès a imposé sa doctrine), le
prince de Hohenlohe apprend aux patriotes
français le rôle que joue dans la République un
ambassadeur d'Allemagne (1).

Bismarck avait dû sévir rigoureusement
contre d'Arnim, infidèle exécuteur de ses ordres.
C'est que les circonstances étaient devenues
graves et menaçantes pour son système. Voici,
en effet, à quel point en étaient les choses lors-
qu'il obtint de Guillaume Ier la permission de

---

(1) Rappelons ici, à titre d'exemple, que dans l'été de
1905, le prince Radolin, ambassadeur d'Allemagne, vint
présenter à M. Jaurès les excuses de son gouvernement qui
avait interdit à l'orateur socialiste français de prendre la
parole dans une réunion de Berlin. En novembre 1906, au
Reichstag, le prince de Bülow saluait en ce même
M. Jaurès « l'hirondelle » qui à elle seule ne fait mal-
heureusement pas le printemps. Ainsi M. Jaurès est choyé
aujourd'hui par l'*auswærtige Amt* et l'ambassade de la rue
de Lille (dont il a épousé la thèse marocaine) comme Thiers
et Gambetta le furent avant lui par Bismarck et Hohen-
lohe. C'est ce qui a fait prononcer au révolutionnaire
Kautsky ce mot dont la juste ironie restera : « Les idées
« qui, dans la bouche d'un Français, trouvent l'approbation
« du plus haut fonctionnaire de l'Empire, conduiraient
« tout droit et de façon durable le sans-patrie allemand
« aux travaux forcés. » (*Vorwærts* du 8 juillet 1905.)

destituer Arnim et d'envoyer en France l'ancien
ministre du roi de Bavière.

M. Gabriel Hanotaux a écrit, en termes très
justes, dans son *Histoire de la France contempo-
raine*, qu'après 1871 « les circonstances pou-
« vaient devenir favorables à une *politique*
« *blanche* que le prince de Bismarck consi-
« dérait comme devant lui être contraire et
« redoutable ». En effet, Bismarck, parvenu
à constituer l'unité allemande par des procédés
révolutionnaires et attentatoires aux principes
posés par les traités de Vienne, vit soudaine-
ment l'Europe se ressaisir et toutes les forces
conservatrices se rassembler contre lui. L'élé-
ment de désordre, de trouble et de division
qu'apportait dans le concert européen une France
démocratique et napoléonienne avait disparu,
depuis qu'une Assemblée monarchiste semblait
promettre à notre pays un retour à sa politique
traditionnelle et normale. Les craintes et les
méfiances qu'avait au début inspirées à l'Eu-
rope l'Empire de Napoléon III se retournaient
contre l'Empire de Bismarck. Le chancelier,
qui connaissait notre histoire, nos erreurs et
nos passions, essaya d'abord de parer le danger
en agissant sur l'opinion démocratique française
par le fantôme de la Sainte-Alliance. Il profita

de l'entrevue des trois empereurs à Berlin (septembre 1872) pour donner au patriotisme français l'illusion que l'étranger menaçait la République. La vérité est qu'il n'en croyait rien lui-même, qu'il n'était nullement rassuré sur les desseins de l'Autriche, qu'il redoutait et le tsar et la reine Victoria, et qu'il sentait bien que si la Sainte-Alliance se reformait, ce serait contre lui, Bismarck, violateur de l'ordre européen au même titre que Napoléon.

L'ordre européen, conception à laquelle la France avait porté les premières atteintes, aurait peut-être, en 1870, sauvé notre pays, si notre pays se fût trouvé en état d'y faire dignement appel. Quoique travaillant pour le compte d'une monarchie légitime, Bismarck avait fait une politique révolutionnaire. C'était là, il le savait, la partie faible et vulnérable de l'unité allemande. Mais l'Europe écouterait-elle Thiers, Gambetta ou Jules Favre se plaignant des révolutions? Etait-ce pour la démocratie française que les puissances répareraient les fautes de Napoléon III? Nous payâmes, dans ces grandes circonstances, pour nos institutions républicaines. Mais l'Europe paya avec nous. Elle le comprit trop tard, lorsque l'hégémonie allemande et le système de la paix armée commencèrent à peser sur elle. Ainsi la République ne compromet pas seulement notre avenir national. Regardée de ce point de vue, elle apparaît comme un malheur européen.

Une neutralité universelle avait favorisé les victoires prussiennes et les succès de Bismarck. Mais, après la guerre, il craignait de voir se former contre son œuvre une autre Sainte-Alliance. L'unité allemande était pour les puissances une menace qui pouvait les unir contre le nouvel édifice à peine constitué. La chute du pouvoir temporel, en relation directe avec les victoires prussiennes, n'était pas seulement une autre atteinte au statut de l'Europe. C'était une offense et une diminution pour le catholicisme tout entier. Bismarck, appui de la maison de Savoie, était rendu solidairement responsable de la spoliation du Saint-Siège. Il eut dès lors toute la catholicité pour ennemie. Qu'un pouvoir traditionnel fût établi en France, et la France, redevenue fille aînée de l'Eglise, se trouvait en état de former contre lui une formidable coalition. La monarchie de Henri V n'eût pas seulement « rendu la France plus forte », selon les propres expressions du chancelier, elle eût encore été capable de conclure les alliances les plus solides et les plus décisives.

Le danger auquel une coalition conservatrice et catholique exposait le prince de Bismarck ne lui venait pas que de l'extérieur. En Allemagne même, la « politique blanche » s'opposait à sa politique révolutionnaire. Il rencontrait les mêmes adversaires conservateurs et ultramontains au dedans qu'au dehors (1). L'affaire Arnim fut une des manifestations de l'opposition redoutable qui, pendant six ou sept années, menaça son œuvre. Remarquons tout de suite qu'il n'en vint à bout qu'après le 16 mai et l'établissement définitif de la République en France.

Pendant les six premières années de l'unité allemande, Bismarck put se demander si la chance, qui l'avait servi jusque-là dans toutes les circonstances diplomatiques et militaires, n'allait pas l'abandonner maintenant qu'il s'agis-

(1) Le duc de Broglie cite dans son livre sur *la Mission de M. de Gontaut-Biron à Berlin* ce curieux fragment d'un discours de Bismarck au Reichstag en 1875 : « On m'a « reproché d'avoir employé en 1866 les déserteurs hongrois « contre l'Autriche : c'est le droit de la guerre, et si nous « nous trouvons un jour en guerre avec la France, dont le « chef pourrait être alors Henri comte de Chambord, « nous n'aurions rien à dire s'il formait une légion ponti- « ficale avec les Allemands de l'Allemagne du Sud poussés « à la désertion par les évêques qui prêchent la désobéis- « sance aux lois. » (*La Mission de M. de Gontaut-Biron,* p. 166.)

sait de gouverner l'Empire. Une lutte d'un nouveau genre commença, dans laquelle il eut à craindre plus d'une fois d'être désavoué par le souverain qui lui avait fait confiance. La question du pouvoir temporel, dans laquelle il avait refusé d'écouter les catholiques allemands, fit du centre un parti d'opposition à l'Empire. En outre, par position géographique autant que par tradition historique, les députés catholiques se trouvèrent être les adversaires de l'unité : les Bavarois particularistes formaient le gros du parti ultramontain avec les Polonais rebelles à la germanisation. Les Danois, les Hanovriens, restés fidèles à la dynastie guelfe, étaient encore autant d'ennemis irréductibles. Et Bismarck venait d'ajouter une Pologne de l'Ouest à la Pologne de l'Est par l'annexion de l'Alsace-Lorraine, dont les députés, d'abord farouchement protestataires, ne tardèrent pas à prêter leur appui à l'opposition du centre. Bismarck répondit par la guerre religieuse : proscription des jésuites et des congrégations, lois de mai, Kulturkampf. Lutte pleine d'embûches et de périls : au plus fort, la défection des conservateurs protestants qui ne pardonnaient pas à Bismarck de se compromettre avec le parti de la Révolution et les libéraux, mit le chancelier

dans une position critique. C'est alors qu'il
montra toute sa décision et toute son énergie, et
que, pour le salut de son œuvre allemande, il
cessa même d'être Prussien. Car la Prusse, c'est
encore du particularisme. Si, à la Diète prus-
sienne, les conservateurs s'allient aux Polonais,
aux ultramontains et aux ennemis de l'Empire,
le hobereau poméranien se retournera contre sa
caste, au besoin contre son pays d'origine, et
combattra ce qu'il appelle à présent des préjugés
de province. A la fin de 1872, il abandonne le
ministère prussien, y installe Roon à sa place,
et agit de toute son autorité et de toute son
influence sur le conseil fédéral pour ruiner défi-
nitivement les dernières résistances de l'ancienne
Allemagne et balayer jusqu'en Prusse « le luxe
« de végétation inutile du particularisme alle-
« mand (1) ».

(1) Cité par M. Emile Bourgeois dans son *Manuel histo-
rique de politique étrangère*, III, p. 766. Bismarck a plusieurs
fois exprimé cette idée, et, avec une force plus particulière,
dans ce passage de ses *Mémoires :* « Pour moi, l'idée natio-
« nale allemande est toujours la première, partout où elle
« entre en lutte avec le particularisme. Car le particula-
« risme, même prussien, est en insurrection contre la
« chose publique, contre l'Empire et l'empereur, et trouve
« son appui dans les influences ultramontaines, françaises
« et généralement romanes (welches), toutes également
« ennemies de la chose commune allemande et dangereu-
« ses pour elles. » (*Gedanken und Erinnerungen*, I, XIII, p.

Ce fut peut-être le passage le plus dangereux de toute sa carrière. Il n'était que le chancelier. Il oubliait parfois qu'il avait un souverain et un maître. Roi légitime, roi prussien, Guillaume I⁰ʳ, attaché à ses traditions, n'admettait pas toujours sans hésitations ou sans scrupules les méthodes révolutionnaires de son ministre. A la cour même, Bismarck trouvait des résistances à sa politique. L'empereur plus d'une fois lui échappa. Des intrigues se nouaient contre le chancelier, dont l'impératrice était l'âme, et, derrière l'impératrice, le vicomte de Gontaut-Biron, ambassadeur de France, dont le rôle, à la lumière des documents nouveaux, apparaît encore plus considérable qu'on n'avait cru. Les souvenirs de M. de Gontaut-Biron, publiés cette année même, s'arrêtent à la fin de 1873 et sont

294.) « J'ai eu à soutenir contre le particularisme prussien « des combats peut-être plus durs que contre le reste des « Etats et des dynasties d'Allemagne. » (*Ibidem*, p. 295.) Bismarck ajoute d'ailleurs que s'il a triomphé du particularisme prussien, c'est grâce aux institutions monarchiques de la Prusse, grâce aux Hohenzollern et à l'intelligence qu'ils ont eue de leur avenir dynastique en Allemagne. Voir tout le chapitre « Dynasties et maisons » de ses *Pensées et Souvenirs*, où Bismarck expose que ni le Parlement, ni la presse, ni l'opinion, n'étaient des forces capables de créer l'unité allemande, et que, pour cette grande œuvre, il fallait une dynastie bien assise comme celle des Hohenzollern.

d'ailleurs fort discrets sur l'activité occulte de
notre représentant. Mais ce que révèlent les
Mémoires du prince de Hohenlohe justifie la
haine dont Bismarck poursuivit M. de Gontaut-
Biron, l'acharnement qu'il mit à exiger du gou-
vernement français son rappel, et le soupir de
soulagement qu'il poussa lorsqu'il l'eut obtenu
de Gambetta au pouvoir : « Le changement de
« l'ambassadeur de France à Berlin m'a causé
« une satisfaction extraordinaire », écrira-t-il le
28 décembre 1877 au comte Henckel de Donners-
marck. Or cette année 1877 se termina sur la
double victoire des républicains en France et de
Bismarck en Allemagne, sur l'apaisement du
Kulturkampf et sur le commencement des hos-
tilités contre les catholiques français.

Après cet exposé, qui était nécessaire, il
devient facile de comprendre le sens et surtout
d'apprécier la portée des instructions que Bis-
marck avait données au prince de Hohenlohe
en le chargeant de l'ambassade d'Allemagne à
Paris. Ces instructions se résumaient en ceci :
faire le contraire de ce qu'avait fait le comte
d'Arnim. C'est-à-dire, avant tout, soumission
absolue aux ordres du chancelier : pas d'intrigues
avec personne en Allemagne, pas d'égard aux
volontés de la cour ni même à celles de l'em-

pereur. Hohenlohe ne devra servir que l'intérêt
de l'Empire allemand. Cet intérêt, tel que Bis-
marck le conçoit, veut que la France reste dans
l'état de division et de faiblesse que garantit la
République. Il veut même que cette République
soit « la plus rouge possible » et que les anticlé-
ricaux en deviennent les maîtres. Car la France
monarchique serait, non seulement forte, mais
bündnisfæhig, capable de conclure des alliances et
principalement cette coalition blanche qui ébran-
lerait l'Empire en réunissant contre lui tous ses
ennemis de l'extérieur et de l'intérieur. Se lier
avec les républicains, battre en brèche toute
influence ultramontaine, effacer les impressions
laissées par le comte d'Arnim, nuire par tous
les moyens au gouvernement conservateur, faire
obstacle par intimidation à l'établissement de la
Monarchie, et enfin exiger le rappel de Gontaut-
Biron : tel était le programme immédiat que
le nouvel ambassadeur emportait de Berlin.

Nous allons voir que le prince de Hohenlohe
s'acquitta de ses devoirs à la satisfaction de Bis-
marck. Le chancelier avait distingué que cet
aristocrate sans préjugé et sans racines, aussi
indifférent à la religion catholique qu'aux prin-
cipes libéraux, à l' « ordre européen » qu'au
patriotisme de terroir, surtout ambitieux de

hautes charges et de grands emplois, était bien l'homme qu'il fallait dans ce moment de crise et de transition allemande.

*
* *

Arrivé à Paris le 18 mai 1874, le prince de Hohenlohe s'empressa de se lier d'amitié avec l'homme dont la chute (comme en témoigne M. de Gontaut-Biron) avait consterné les cercles politiques de Berlin : Adolphe Thiers (1). Le 16 juillet, Hohenlohe note sur ses carnets :

Ce matin, visite chez Thiers. Il commença par me dire qu'il avait eu l'idée de me rendre visite pour m'exprimer la part qu'il prenait à l'attentat (de Kulmann sur Bismarck). Il y avait longtemps qu'il était lié avec le prince de Bismarck, et les négociations de paix avaient encore accru chez lui ce sentiment d'amitié. Le prince lui avait beaucoup facilité les

(1) Hohenlohe note de Berlin, à la date du 19 février 1874, ce résumé d'une conversation qu'il vient d'avoir avec Bismarck : « Le grand reproche que Bismarck fait à « Arnim, c'est d'avoir renversé Thiers, ou du moins de ne « pas l'avoir soutenu comme il aurait dû. Par une conso- « lidation intérieure, la France serait rendue plus capable « de conclure des alliances, ce qui, avec Thiers, était beau- « coup moins possible. C'est pourquoi il était utile pour « nous que celui-ci restât au pouvoir. » (*Denkwürdig-* « *keiten*, II, p. 107.)

choses et modéré autant que possible les conditions.

« Je ne dis pas cela à mes compatriotes qui trouvent
« que l'on a été beaucoup trop dur », ajouta-t-il. Mais
telle était son opinion. Et de là sa gratitude pour
Bismarck.

Cette gratitude de Thiers, c'est au moins
quelque chose d'inattendu. Mais les *Mémoires*
du prince de Hohenlohe nous en apprennent
bien d'autres. On y voit que des relations cor-
diales s'établirent dès ce moment entre Thiers
et l'ambassadeur d'Allemagne. Bientôt après,
cette intimité était même rendue publique par
la présence, « au grand étonnement de tous »,
note le prince, de M. et de Mme Thiers à une
réception de l'ambassade. Hohenlohe, de ces
premières conversations, ne rapporte que peu
de choses. Du moins avait-il réussi à établir un
contact avec le représentant de la « République
conservatrice ». Il put en témoigner à son pre-
mier voyage à Berlin.

Une surprise y attendait Hohenlohe. Il trouva
l'empereur en désaccord avec Bismarck. Déjà, à
son audience de congé, Guillaume Ier lui avait
indiqué qu'il pensait bien, comme son chancelier,
que la République en France était une chose
favorable à l'Allemagne. Mais il avait ajouté
qu'il n'estimait « ni possible ni convenable »

2*

que son ambassadeur se fît, même chez l'ennemi,
le complice de la Révolution. Ces dispositions
paraissaient avoir gagné en force chez l'empereur,
car Hohenlohe l'entendit se plaindre autant des
idées avancées de Bismarck, « qui voulait le
« conduire on ne sait où », que de son mauvais
caractère, des menaces de rupture et des offres
de démission qu'il opposait à toute réserve ou
à toute désapprobation de son maître. L'empe-
reur craignait que Bismarck ne voulût encore
la guerre, à quoi il était résolument opposé. Il
priait même Hohenlohe de lui servir de porte-
parole, comme s'il eût craint de faire lui-même
des reproches à son terrible ministre. Celui-ci,
d'ailleurs, en restait toujours à son point de vue.
Il me réitéra, écrit Hohenlohe, « que nous avions
« le plus grand intérêt à maintenir en France le
« *statu quo* : la République, même la plus rouge,
« nous est favorable. La Monarchie rendrait la
« France capable de conclure des alliances et
« est dangereuse pour nous. »

Ainsi le contraste entre la politique de Bis-
marck et les idées de l'empereur grandissait. L'em-
pereur revenait à la politique de l'ordre européen,
à l'idée de la solidarité de tous les pouvoirs. Il
estimait que Bismarck, en favorisant les éléments
démocratiques de France, suivait une politique

imprudente et, en même temps, déshonorait et compromettait son souverain. Qui avait pu déterminer ce renversement d'idées chez le vieux monarque ? Bismarck ne se l'était pas demandé longtemps : c'était l'ambassadeur de France à Berlin, c'était M. de Gontaut-Biron.

L'heure était grave pour Bismarck : les particularistes devenaient de plus en plus entreprenants en Bavière (1). L'Espagne était agitée par

(1) Les *Mémoires* reproduisent un rapport de Hohenlohe, daté du 10 février 1875, sur le succès des ultramontains en Bavière, son retentissement à l'extérieur, et son importance pour la politique de l'Empire. Ce passage-ci est particulièrement significatif : « Considérant la durée incer-
« taine dela paix européenne, Votre Excellence estimera que
« l'éventualité d'un ministère ultramontain en Bavière
« doit être un sujet de préoccupation. Il n'est pas douteux
« qu'un gouvernement hostile à l'Empire s'appliquera à
« coaliser tous les éléments particularistes qui existent
« actuellement à l'état dispersé en Bavière et hors de Ba-
« vière, pour les utiliser, à une heure grave, comme une
« force organisée, capable de soutenir les ennemis de l'Em-
« pire à l'extérieur ou tout au moins de paralyser le mou-
« vement patriotique allemand. Il est dans la nature des
« choses que la diplomatie des Etats moyens s'efforce de
« reprendre le rang de facteur politique international. »
(*Denkwürdigkeiten*, II, p. 146) A rapprocher l'incident soulevé par Perglas, représentant de la Bavière à Berlin, le 24 avril 1873, et que rapporte Hohenlohe : « Il y a eu
« à la cour plénière un incident très vif... Bismarck a saisi
« l'occasion de faire une scène à Perglas. Celui ci a eu la
« maladresse de se placer non pas parmi les membres du
« conseil fédéral, mais dans les rangs du corps diploma-

le carlisme. Un puissant mouvement catholique et conservateur se formait en Europe qui trouvait accès partout et jusqu'auprès de l'empereur d'Allemagne. Bismarck courut au plus pressé, qui était d'obtenir le rappel de Gontaut-Biron, dont l'action et l'influence prouvaient déjà à elles seules et par leurs promptes conséquences à quel point eût été dédommageable à la politique bismarckienne la monarchie légitime et catholique restaurée en France (1).

Le mot d'ordre du prince de Hohenlohe fut dès lors de demander au duc Decazes, sans répit et comme une sorte de *delenda Carthago*, le déplacement de M. de Gontaut-Biron. Il faut rendre cette justice aux parlementaires conservateurs de ce temps-là qu'ils refusèrent constam-

« tique. Bismarck lui en fit reproche et tout d'un coup, « parlant français, lui dit : « *Puisque vous êtes membre* « *du corps diplomatique, je dois parler avec vous la langue* « *diplomatique.* » Il paraît que Perglas pâlit affreusement. « Il me semble que la situation est devenue intenable « pour lui ici. » (*Denkwürdigkeiten,* II. p. 98.)

(1) Il est curieux de constater que le prince de Hohenlohe ne parle pas des observations, si semblables à un ultimatum, qu'il porta le 5 mai 1875 au duc Decazes au sujet des « armements » de la France. Il est vrai qu'il ne joua pas dans cette circonstance le beau rôle. Le duc de Broglie note que Hohenlohe montra un « certain embarras » durant son entretien avec le duc Decazes. (*La Mission de M. de Gontaut-Biron,* p. 224.)

ment de satisfaire aux exigences de Bismarck. Le duc Decazes connaissait les services que M. de Gontaut-Biron nous rendait à Berlin et il savait sans doute aussi que la faveur de Guillaume Ier balançait utilement la disgrâce auprès de son ministre. Sur les refus modérés mais fermes de Decazes, Bismarck chargea Hohenlohe de redoubler d'insistance. Il se plaignait en ces termes de l'ambassadeur « ultramontain et légitimiste » qui représentait la France :

Gontaut s'est créé une situation à la cour qui le rend impropre à continuer les affaires diplomatiques. Il se peut que cela ait été possible au temps de Catherine II, mais de notre temps je ne puis supporter cela, pas plus qu'un ministre anglais ne souffrirait une intimité hostile au ministère entre la reine et des diplomates étrangers.

L'allusion aux femmes est transparente. Bismarck avait toujours détesté l'impératrice, « la jument anglaise », d'après un mot de son répertoire de gentilhomme fermier. Une autre fois, il répétera à Hohenlohe : « Gontaut s'est mis « bien avec l'impératrice. C'est pourquoi il n'est « plus digne de confiance. » Et une autre fois encore, en mars 1877, le prince de Hohenlohe racontera ceci, qui donne la mesure de l'influence exercée par Gontaut :

Allé chez Bismarck, où j'ai appris toutes sortes de choses inattendues. La raison pour laquelle on ne veut pas que je peigne les choses sous un jour trop pacifique, est que l'empereur, sous l'influence de l'impératrice et de Gontaut, se refuse à renforcer l'armée sur la frontière française en sorte que nous devenions égaux aux Français. Il y a tant de cavalerie et d'artillerie à la frontière que Metz est menacé. Les Français pourraient envahir à tout instant et nous mettre dans la situation la plus fâcheuse. Mais il n'y a pas moyen de déterminer l'empereur à envoyer des régiments de cavalerie à la frontière, simplement par crainte d'effrayer les Français. L'influence de l'impératrice augmente toujours, et Gontaut est derrière elle.

Quelques mois après, le prince de Hohenlohe étant venu à Gastein consulter le chancelier, celui-ci se plaignit plus fort que jamais de Gontaut-Biron :

Il est inconcevable, me dit le prince, qu'on puisse laisser à Berlin un homme qui passe son temps à conspirer contre le gouvernement impérial avec les Polonais, les ultramontains et autres ennemis de l'Empire (1).

(1) Ce sont, au témoignage du duc de Broglie, les termes mêmes des plaintes que Hohenlohe apportait au quai d'Orsay contre M de Gontaut En outre. on sait que le véritable texte des célèbres menaces de Bismarck en 1875 est celui-ci : « Si la France soutient les catholiques en « Allemagne, je n'attendrai pas qu'elle soit prête. Elle le

... L'empereur rend difficile la conduite de la politique avec la France. Sous l'influence de Gontaut, il s'en tient toujours à la soi-disant solidarité des intérêts conservateurs, la vieille politique d'Arnim, au lieu de voir que la France reste incapable d'alliance et divisée... Le chancelier dit encore que ce serait une prétention un peu trop forte que de vouloir lui faire croire que l'impératrice ne s'occupe pas de politique et n'intrigue pas contre lui. Depuis quinze ans, il trouve partout l'impératrice en adversaire. Elle se fait adresser des correspondances qu'elle lit à l'empereur au déjeuner, et c'est toujours après le déjeuner que le chancelier reçoit de l'empereur des billets désagréables. L'Empereur approuve en principe sa politique religieuse, mais il fait des difficultés sur le détail, et l'ingérence de l'impératrice en est la cause. Schleinitz, Goltz, Nesselrode et d'autres travaillent contre Bismarck avec l'Impératrice... Tout ce qui est ennemi du gouvernement impérial est soutenu par elle. Et tant que Gontaut-Biron sera à Berlin, il y aura une sorte de contre-ministère avec lequel le chancelier aura à combattre.

Derechef, le prince de Hohenlohe fut chargé du rôle d'intermédiaire entre Bismarck et l'empereur Guillaume. Cette fois, il devait expliquer

« sera dans deux ans : je saisirai auparavant l'occasion « favorable. » On oublie d'ordinaire le premier membre de phrase, et l'on fait dire à Bismarck : « Je n'attendrai pas que la France soit prête, etc... »

et défendre devant le souverain la politique bis-
marckienne :

Aujourd'hui, audience chez l'Empereur. Je parlai
aussitôt des affaires françaises et je remarquai que
l'empereur se trouve sous une influence étrangère,
qu'il est conduit dans ses jugements par des
influences étranges et étrangères. Il me vanta l'esprit
de suite et l'énergie de Mac-Mahon et loua ses efforts
pour arrêter le radicalisme. Il affirma tout particuliè-
rement son antipathie pour Gambetta, qui, s'il deve-
nait jamais président, ferait la guerre à l'Allemagne.
Bref, l'empereur entra dans des considérations que
l'on n'a l'habitude de lire que dans les organes de
l'Elysée et du duc de Broglie. Il se plaignit des excès
de la presse allemande, même de la presse officieuse,
contre le gouvernement français, et exprima la crainte
que de continuels coups d'épingle ne lassassent à la
fin la patience des Français et ne leur donnassent le
motif d'une guerre où tous les torts seraient de notre
côté. Je me permis de parler dans un tout autre sens.
Entre autres choses, je fis remarquer à l'empereur
que je ne pouvais croire que la République de Gam-
betta entreprendrait la guerre contre l'Allemagne.
Pour faire la guerre, il faut des alliances au dehors et,
au dedans, un gouvernement indiscuté et l'union du
pays. Or Gambetta serait obligé d'entamer la lutte
avec le parti clérical, et ce serait le signal d'un
conflit qui aurait bien plus d'envergure encore que
notre Kulturkampf. Il aurait ainsi beaucoup trop à
faire à l'intérieur pour avoir le temps de penser à
une guerre avec nous. D'ailleurs, il serait bien diffi-

cile à Gambetta de conclure une alliance contre nous
avec une puissance étrangère, etc... L'empereur
écouta attentivement mes déductions, mais il ne me
parut pas convaincu.

M. de Gontaut-Biron avait donc merveilleuse-
ment travaillé pour la France. Il avait réussi
à ébranler la situation de Bismarck. Il avait
profité de l'animosité qui régnait depuis long-
temps entre l'impératrice et le chancelier. Il
avait habilement exploité les sentiments conser-
vateurs de la cour et des milieux politiques
allemands. Guillaume Ier, qui trouvait déjà révo-
lutionnaire le titre d'empereur allemand que
Bismarck ne lui avait pas fait accepter sans peine
à Versailles, Guillaume Ier, qui, au moment de
la nomination du prince de Hohenlohe à Paris,
ne partageait qu'avec une certaine modération,
nous l'avons vu, les idées de Bismarck sur
l'utilité d'une République en France, avait fini
par trouver dangereux cet appui prêté par son
gouvernement aux démocrates français. Nous ne
saurons jamais si l'empereur s'arrêta à cette
opinion par faiblesse, par timidité et par incom-
préhension de la politique hardiment utilitaire
de Bismarck, ou si plutôt, à cette politique-là, il
ne préférait celle de Metternich qui ne sacrifiait
pas à un intérêt particulier et immédiat les inté-

rêts supérieurs de la civilisation, de l'ordre et du progrès universels.

Enfin Guillaume Ier céda devant ce ministre autoritaire qui imposait au souverain la loi du bien public. Le système de Bismarck l'emporta et ses conséquences se déroulèrent telles qu'il les avait prévues. Le prince de Hohenlohe continua d'entretenir avec Thiers, le plus convenable des républicains, des relations étrangement cordiales. Au point que le duc Decazes lui en fit un jour la remarque : « On dit que vous ne sortez pas de chez M. Thiers », et à cette observation de notre ministre des affaires étrangères, le prince de Hohenlohe ne rapporte pas qu'il ait rien trouvé à répondre. Thiers allait en effet, au témoignage de ces *Mémoires*, converser très souvent avec l'ambassadeur d'Allemagne. Il était d'accord avec lui que la République était une bonne chose, les cléricaux des gens qu'il fallait battre, le maréchal un pauvre homme, les princes des personnes gênantes, et Gontaut-Biron (choisi jadis par lui-même pour le poste de Berlin) un envoyé dangereux et impossible. La note suivante, datée du 7 février 1876, montre en quels termes vraiment excellents vivaient l'illustre vieillard et l'agent du prince de Bismarck :

La princesse Troubetzkoï m'a dit hier soir que

Thiers était très affecté que je ne l'eusse pas encouragé à accepter la présidence du Sénat. Si cela arrivait, le maréchal ne resterait pas un instant et se démettrait. Et Thiers mérite bien cette satisfaction.

Le passage est à la vérité un peu brumeux, mais il projette pourtant quelque chose comme l' « obscure clarté » de Corneille. Ces mots ne signifient rien, ou ils veulent dire que Thiers tenait à n'aller de l'avant qu'avec l'assentiment de l'ambassadeur d'Allemagne. Il savait que tout ce qui était républicain était de nature à faire plaisir à Bismarck (1). Après les élections du 20 février, Thiers se présente chez Hohenlohe et lui dit avec un mauvais rire : « Eh bien ! nous voilà en pleine révolution. » La mort le guettait, mais il

(1) Les *Mémoires* de Hohenlohe confirment singulièrement ce que les hommes d'Etat conservateurs avaient compris sans oser toutefois, par des scrupules qui nous paraissent inexplicables, le dire assez haut. Le duc de Broglie écrivait à M. de Gontaut-Biron dès le 25 octobre 1873 : « Je pense beaucoup à vous, à votre situation à Berlin... « Je ne puis douter que la malveillance n'y soit au comble « contre toute combinaison monarchique. M. de Bismarck « la poursuit évidemment avec cette haine instinctive qu'il « porte à tout ce qui relève la France... Malheureusement « je crains bien que les républicains de France, *même les* « *plus illustres et les plus récents*, ne consentent à accepter « cet appui qui fait peu d'honneur à leur cause. » C'est le duc de Broglie qui soulignait les mots *même les plus illustres et les plus récents*, où Thiers est clairement désigné. (*La Mission de M. de Gontaut-Biron*, p. 144.)

songeait toujours à reprendre le pouvoir et, dans cette vue, il travaillait à s'assurer la sympathie de Bismarck.

Chose à remarquer, bien que Hohenlohe enregistre le fait sans lui consacrer de grands commentaires, c'est Thiers qui lui a présenté son propre ennemi de la veille, Gambetta. Thiers préludait ainsi d'une façon singulière aux négociations de Gambetta et de Bismarck où Henckel de Donnersmarck devait lui succéder comme intermédiaire. Mais il faut citer d'après Hohenlohe cette présentation historique, en remarquant la date, qui suit de près le 16 mai :

Paris, 3 juillet 1877. — Hier, M. Thiers vint me trouver et me dit : « Voulez-vous venir avec moi aujourd'hui pour causer avec Gambetta ? Il viendra à onze heures et demie. Naturellement, j'acceptai et nous allâmes. Gambetta était déjà là lorsque j'entrai dans le beau cabinet de M. Thiers. Nous nous saluâmes et prîmes place, Thiers d'un côté, moi de l'autre, Gambetta en face de nous deux. Nous parlâmes de toutes sortes de choses, de la guerre de Turquie, de l'Angleterre, etc... Puis Thiers raconta ses vieilles histoires sur Metternich, Talleyrand et Louis-Philippe. Gambetta et moi nous l'écoutions respectueusement. Je n'ai jamais vu le passé et le présent incarnés comme en ces deux hommes. Gambetta, que les vieilles histoires ont dû médiocrement intéresser, écoutait avec l'attention d'un fils et montrait le plus vif intérêt. Je profitai d'un silence pour l'interroger sur les perspectives des élections. Il affirma que depuis 1789 il n'y avait pas eu d'élections aussi graves, que la France était résolue à abattre les ennemis de la République et y réussirait... Il dit des cléricaux qu'ils n'auraient pas d'appui en France si la haute bourgeoisie n'était responsable de leurs progrès. Il est d'avis qu'il faut détruire les congrégations et expulser les jésuites. Gambetta produit une bonne impression. Il est poli et aimable et en même temps on reconnaît chez lui l'homme d'Etat énergique et résolu.

« Une politique commune de la France et de l'Allemagne contre Rome », ce sera quelques mois plus tard un des articles de l'entente secrète de Gambetta et de Bismarck (1). Nous avons montré que le chancelier avait un intérêt majeur à ce que la France ne prît pas la tête des pays catholiques. La responsabilité de Gambetta et de Thiers est donc ici éclatante : leur complicité avec l'ennemi, inconsciente, répétons-le, mais d'autant plus instructive, n'est pas niable. L'anticléricalisme a servi l'étranger (2). Telle

(1) Lettre du comte Henckel de Donnersmarck au prince de Bismarck en date du 23 décembre 1877. Voir la *Correspondance* du chancelier (II, *aus Bismarcks Briefwechsel*) et notre brochure *la République de Bismarck*.
(2) Rapprochons l'histoire d'aujourd'hui de l'histoire d'hier. M. Henri Vaugeois déclarait le 14 février 1906, au

est la vérité. Et Hohenlohe nous apprend lui-
même, à la date du 16 avril 1876 de son *Journal,*
que Thiers, précurseur ici encore de Gambetta,
est venu lui exposer « que la communauté des
« intérêts dans la lutte contre l'ultramontanisme

nom de la *Ligue d'Action française* dont il est président :
« L'anticléricalisme, qui se dit français, usurpe ce nom.
« Il est antifrançais comme il est anarchiste. Le gouver-
« nement de la France gouverne contre la nation... Une
« feuille gouvernementale a mis ces preuves en images
« sensibles aux regards du public le plus aveuglé. *Le Matin*
« d'hier, 13 février, a donné en première page un instan-
« tané photographique représentant les délégués allemands
« à Algésiras, MM. de Radowitz et de Tattenbach « lisant
« le récit des tumultueux incidents de Sainte-Clotilde »
« dans *le Matin* du 2 février. Il faut voir rayonner le visage
« des deux ministres allemands. Le profil de M. de Rado-
« witz témoigne d'une intense et profonde satisfaction,
« goûtée avec lenteur, savourée avec force, comme à la
« nouvelle d'une grande victoire calculée et prévue, mais
« enfin qu'on avait attendue jusque-là ! Quant à M. de
« Tattenbach, sa béatitude intérieure s'épanouit très
« franchement en un large sourire. *Les Français se divisent !*
« *La France se déchire !* Les meilleurs Français, catho-
« liques, conservateurs, en sont réduits par la volonté de
« leur loi intérieure par l'arbitraire d'une loi extérieure,
« à lutter contre cette autre élite française, la milice de
« l'ordre, la servante de la patrie, l'armée française, leur
« armée ! Oui, la joie a dû être grande en Allemagne et
« dans tous les cœurs allemands. Tout comme au congrès
« de Berlin, la République de Bismarck tient ses promesses
« à la conférence d'Algésiras. La *Ligue d'Action française*
« constate une fois de plus cette stricte fidélité du régime
« à ses origines et à ses doctrines symbolisées dans le
« magnifique instantané du *Matin.* » (*Sixième Déclaration
de la Ligue d'Action française.*)

« serait une garantie pour la continuation des
« bonnes relations entre l'Allemagne et la
« France ».

Hohenlohe, quant à lui, savait bien que Bis-
marck n'attendait qu'une chose pour aller à
Canossa et faire sa paix avec les catholiques
allemands : c'est que l'anticléricalisme eût
allumé la guerre civile en France et l'eût
affranchi des menaces de la *politique blanche*.
Le prince de Hohenlohe a même tenu à rappeler
qu'il avait prédit ce changement de front dès
le 2 juin 1875 dans une conversation avec Blo-
witz.

Les élections du 16 octobre furent le triomphe
de la mission du prince de Hohenlohe à Paris.
La part qu'y avait prise Bismarck n'est pas dou-
teuse. De Gastein, le 6 septembre, Hohenlohe
écrit que le chancelier s'est entretenu avec lui
des élections françaises et a même affirmé en
termes exprès « qu'il serait nécessaire, pendant
« la période électorale, de paraître un peu mena-
« çant. Mais il ne faudrait pas faire cela de
« Paris. On mettrait les choses en scène à
« Berlin. »

Il va sans dire que le résultat des élections
satisfit profondément Bismarck. Le 1ᵉʳ janvier

1878, il adressait à Hohenlohe, en réponse à ses souhaits, des félicitations sur les événements de l'année qui venait de finir et il le louait de « son habileté et de sa loyauté à représenter les « intérêts allemands ». La République dûment établie en France, c'était le succès définitif de sa politique, la fin des menaces du dehors et des intrigues du dedans. Une seule pensée attristait le triomphe du prince de Bismarck : Thiers n'était plus là pour en prendre sa part. Thiers était mort le 3 septembre 1877, et Hohenlohe, qui se trouvait à Gastein lorsque parvint cette nouvelle, raconte que « Bismarck « regretta sa fin et nous invita à boire en « silence à sa mémoire ». Les Allemands boivent un *stilles Glas*, un « verre silencieux », comme on dit une messe basse. Telle fut l'oraison funèbre du libérateur du territoire à Gastein.

D'ailleurs, le chagrin de Bismarck fut court. Il savait que Gambetta remplacerait Thiers avec bénéfice. Il avait souvent répété à Hohenlohe qu'il ne fallait pas redouter Gambetta, qu'il ne fallait pas l'empêcher d'arriver au pouvoir. Et, en effet, trois mois plus tard, Henckel de Donnersmarck allait mettre en rapports le tribun et le chancelier.

IV

LÁ FIN D'UNE CARRIÈRE

Les élections républicaines de 1877 furent à la fois la victoire de Gambetta et celle de Bismarck. Avec elles finirent les inquiétudes du chancelier. Le *Journal* du prince de Hohenlohe en témoigne : à partir du 24 octobre, on le voit s'absenter plus souvent de Paris, suivre de moins près les choses françaises. Tantôt il siège au congrès de Berlin, tantôt il fait un intérim au ministère des affaires étrangères. Et l'attitude de l'ambassadeur d'Allemagne reflétait exactement celle de son chef. La France dotée de la République cessait d'être un danger pour la politique de Bismarck. Notre ennemi n'avait plus à craindre ni la revanche militaire ni la revanche diplomatique. Il n'avait plus à redouter que la France prît la direction d'un mouvement infiniment dangereux pour lui. Avec le triomphe de la démocratie en France, tombait l'espoir des réparations attendues par l'Europe conservatrice et catholique. On peut dire, et l'événement le prouve, que les élections de 1877 achevèrent en France et hors de France ce que Sadowa et Sedan avaient commencé.

Bismarck avait désormais les mains libres sur le continent. La France était pour longtemps occupée ailleurs que sur ses frontières et à autre chose qu'à ses intérêts. Elle était divisée par la guerre religieuse qui commença chez nous, exactement comme Hohenlohe, nous l'avons vu, l'avait prédit, au moment où Bismarck la terminait dans son pays et faisait la pacification avec autant de profit qu'il avait fait le Kulturkampf, puisque les catholiques allemands, privés de tout appui extérieur, ne pouvaient plus trouver de garantie et de sécurité que dans leur loyalisme à l'Empire. Et les *Mémoires* du prince de Hohenlohe nous montrent ce diptyque édifiant : l'ambassadeur d'Allemagne approuve et encourage l'anticléricalisme à Paris, tandis qu'en secret il négocie avec le nonce, Mgr Czacki, au sujet des affaires allemandes, et emploie à la réconciliation son frère le cardinal, qui déploie autant d'activité à préparer Canossa qu'il en avait mis quelques années plus tôt à fomenter le mouvement d'opposition à l'Infaillibilité et la division de la catholicité germanique au profit de la Prusse. D'ailleurs, pendant quelques années, tout va de nouveau réussir à Bismarck. La question d'Orient partage les puissances, et l'Allemagne sera l'arbitre du congrès de Berlin. Bismarck va faire peser sur la Russie les effets de son machiavélisme. Il put se vanter non seulement d'avoir paré le danger slave en le détournant de son voisinage, mais encore d'avoir joué, en même temps que le tsar, l'Europe entière. Car les causes de conflits et de divisions s'engendrant les unes par les autres allaient sortir de ce congrès. La France l'éprouva quand elle fut aux prises avec l'Angleterre en Egypte (laissée en dehors du remaniement de l'Empire turc), puis avec l'Italie au sujet de la Tunisie que Bismarck, bon prince, accordait à la France pour reconnaître les services rendus et récompenser son adhésion aux décisions du congrès (1).

(1) L'opinion de Bismarck sur la Tunisie et sur le rôle de diversion qu'elle devait jouer était faite depuis longtemps. Le prince de Hohenlohe note, le 2 mai 1874 : « Au sujet « de la politique française, le chancelier me parla des « tendances de la France à s'annexer Tunis. Il serait bon « pour nous que la France pût s'engager là-bas. Sans « doute le commerce allemand en Tunisie en souffrirait, « mais Bismarck me parut placer l'intérêt politique bien « au-dessus de cet intérêt mercantile. » (*Denkwürdigkeiten*, II, p. 118.)

*
* *

On s'explique donc la sollicitude avec laquelle, dans cette période nouvelle de son ambassade, le prince de Hohenlohe veilla sur les premiers pas de la République vraiment républicaine, de la République de Gambetta, des opportunistes et des radicaux. Il accomplit à la lettre le mot de Bismarck révélé par sa correspondance avec Henckel : « Le pouvoir de Gambetta m'est trop « utile pour que je fasse rien qui puisse l'ébran- « ler. » Hohenlohe a pour ce gouvernement des inquiétudes, des tendresses maternelles. Lorsque Grévy et Gambetta entrent en conflit, il se montre très préoccupé (11 mars 1881). Quand les socia- listes s'agitent, quand les anarchistes effrayent la population, il craint toujours que la République n'en souffre, et il accuse la compagnie de Jésus de soulever le spectre rouge au profit de la réac- tion. En août 1881, il est très inquiet de l'élection de Gambetta et montre de la mauvaise humeur à l'égard des intransigeants de Belleville. Un seul gouvernement serait capable de plaire à Hohen- lohe autant que le républicain : c'est le bonapar- tiste. Bismarck lui a encore redit à Berlin le

25 mai 1879 : « Cela m'amuserait beaucoup que
« le prince Napoléon prît le pouvoir. Si j'étais
« Français, je n'en voudrais à aucun prix (1).
« Mais, en tant que voisin, il me conviendrait
« tout à fait. » Peu de temps après, Gambetta
ayant affirmé à Hohenlohe que la cause des bo-
napartistes était irrémédiablement perdue, Ho-
henlohe ajoute : « C'est une opinion que je ne
« partage pas. » Le point de vue allemand était
donc resté invariable depuis 1870 : Empire,
République, font également les affaires de la
Prusse. Quant à la troisième solution, la solution
monarchique, elle continue d'exciter la même
défiance. En juillet 1883, lorsque se répand le
bruit que le comte de Chambord est gravement
malade, Blowitz, ce singulier journaliste qui du-
rant trente ans se mêla avec une scandaleuse
effronterie des affaires de France, vient prendre
sur l'événement l'avis de l'ambassadeur d'Alle-
magne. Voici comment Hohenlohe rapporte
l'entretien :

Blowitz est venu me voir pour me parler de la nou-
velle de la maladie du comte de Chambord. Il veut
écrire un article et, semble-t-il, faire de la propa-
gande pour la famille d'Orléans. Il m'a demandé si

(1) On verra, à l'appendice I de ce livre, que Bismarck
savait aisément se placer au point de vue français.

2***

nous voyions un plus grand danger pour la paix avec les Orléans qu'avec la République. Je répondis nettement par l'affirmative. Cela a été désagréable à Blowitz, qui a envie de faire une campagne pour les Orléans: Mais il s'est résigné et m'a dit que, du point de vue allemand, nous pourrions bien avoir raison.

Ainsi le courtier juif entrait avec aisance et rapidité dans la pensée maîtresse de Bismarck. Comme M. de Gontaut-Biron, de son observatoire de Berlin, l'avait fait déjà remarquer à Thiers, le point de vue de Bismarck devait suffire à engager les Français à se tenir au point de vue contraire. C'est ce que Blowitz, en habitué de la contre-partie, avait immédiatement compris. Cet entretien témoigne d'ailleurs d'un fait encore. Blowitz retardait quand il croyait que le comte de Paris était « autre chose » que le comte de Chambord. La réponse du prince de Hohenlohe paraît l'avoir illuminé.

Nous ne terminerons pas cette analyse des notices écrites par le prince durant les dernières années de son séjour à Paris sans en consigner ici quelques-unes qui ne sont plus tout à fait révélatrices, mais qui apportent un surcroît de confirmation à des choses que l'on savait déjà. On connaît, depuis 1901, l'histoire des relations de Gambetta et de Bismarck par l'entremise de

Henckel de Donnersmarck, telle que la racontent les pièces authentiques des publications posthumes du chancelier. On se souvient des lettres échangées et dont les termes sont accablants pour Gambetta et pour la politique républicaine. On se souvient aussi de l'entrevue qui avait été concertée et de l'hésitation de la dernière heure qui empêcha Gambetta de s'y rendre. Ce n'est pas le patriotisme, d'ailleurs, mais la peur de se compromettre qui expliquait cette hésitation. Or c'est bien ce que font comprendre les *Mémoires* de Hohenlohe qui, se trouvant à Varzin en octobre 1881, recueillit ces propos de la bouche de Bismarck :

Le soir, après le thé, on a parlé de diverses choses d'autrefois, de Darmstadt, de Francfort, etc... Tout à coup, le chancelier s'est écrié : « Ah çà ! où Gambetta est-il donc resté ? Je l'attends toujours. » Il nous dit alors qu'il l'aurait vu très volontiers, et que c'est son devoir de recevoir des hommes d'Etat étrangers. Gambetta était sans aucun doute appelé à jouer un grand rôle dans son pays ; Bismarck aurait tenu à s'entretenir avec lui. Le bruit que l'entretien avait eu lieu a d'ailleurs été répandu (1), et le chancelier

(1) On sait, en effet, que Gambetta avait fait un voyage en Allemagne en septembre et octobre 1881. C'est alors que la presse parla de sa rencontre avec le chancelier. Mais l'opinion, qui se trompait sur ce point, était loin de soup-

expliqua qu'il n'était pas possible de donner au démenti une forme qui ne blessât pas Gambetta. Ensuite il raconta les différentes tentatives qui ont été faites pour le rapprocher de Gambetta.

Le 1er novembre, Hohenlohe revient sur la même question :

Vu Blowitz aujourd'hui. Après quelques mots d'entrée en matière, il a abordé le sujet qui l'avait conduit chez moi. Il m'a dit : « Gambetta n'est pas allé à Varzin ? » en prenant un air fin comme s'il voulait dire : Je sais qu'il y est allé. Je répondis : « Non, il n'y est pas allé. » Et comme Blowitz me regardait avec surprise, j'ajoutai : « Le prince aurait reçu Gambetta avec plaisir s'il était venu à Varzin. Mais il n'y est pas venu. » Là-dessus Blowitz : « Mais alors son voyage était une sottise ! Comment, il s'expose à être insulté en Allemagne, etc... » Blowitz donne deux ans à Gambetta. Après quoi il sera usé.

Tel n'était pas l'avis de Bismarck qui, à Varzin, avait recommandé à Hohenlohe de faire bonne figure à Gambetta et de ne pas aller s'imaginer, comme quelques naïfs de Berlin, que le nom du tribun était synonyme de revanche. Aussi, lorsque fut formé le « grand ministère » et que M. de Saint-Vallier (le successeur à Berlin du vicomte

çonner la correspondance de 1877-78 et l'accord dont elle témoigne entre Bismarck et Gambetta.

de Gontaut-Biron) vint, un peu inquiet, deman-
der à Hohenlohe ce qu'en pensait le chancelier,
l'ambassadeur d'Allemagne lui répondit que « le
« gouvernement allemand continuerait les bonnes
« relations existantes avec le ministère Gambetta,
« qui apparaissait comme une inéluctable néces-
« sité pour la France ». M. de Saint-Vallier, qui
ne semblait pas rassuré sur les intentions de
Bismarck à l'égard de Gambetta, paraît avoir été
moins clairvoyant que son prédécesseur qui avait
si bien lu dans le jeu du chancelier et si bien su
entraver sa politique. Cette naïveté fut d'ailleurs
une bonne note pour M. de Saint-Vallier et servit
à accroître encore la faveur dont il jouissait à
Berlin. Aussi quand, peu de temps après, il donna
sa démission, Bismarck essaya-t-il de le garder.
Et certes la nouvelle couche des hommes d'Etat
français n'était pas redoutable pour l'Allemagne.
Elle se distinguait surtout par son ignorance des
points faibles de l'adversaire. Le 4 décembre 1881,
Hohenlohe rapporte cet entretien qu'il a eu avec
Gambetta après un dîner officiel au quai d'Orsay,
où on lui a présenté le nouveau ministre de l'inté-
rieur, « un jeune homme de bonne mine et d'a-
« gréable conversation » qui n'était autre que
Waldeck-Rousseau. « Gambetta, écrit l'ambassa-
« deur d'Allemagne, me dit qu'il ne comprenait

« pas l'opposition que l'on faisait à Bismarck dans
« sa politique financière, qui doit pourtant con-
« solider l'unité de l'empire. Je lui dis que l'op-
« position, celle des progressistes comme celle
« du Centre, était composée d'ennemis de l'unité,
« de fédéralistes. *Cela était nouveau pour lui.* »
Hohenlohe pouvait d'ailleurs sans danger ensei-
gner son métier au nouveau ministre des affaires
étrangères. Moins par incapacité que par situa-
tion, celui-ci n'était pas en état de tirer parti des
notions nouvelles qu'il recevait sur les difficultés
qu'avait rencontrées Bismarck, au cœur même de
l'Allemagne, dans son œuvre unitaire.

D'ailleurs l'opinion de Bismarck à ce
moment était faite. Sa sécurité en face de la
France républicaine était absolue. Il l'avait
affirmé six semaines plus tôt devant Hohenlohe
en cinq phrases d'une concision frappante et
qui, on va le voir, sont encore d'actualité :

Le chancelier m'exposa, comme il l'avait déjà
fait en plusieurs circonstances, que nous devions
souhaiter que la France réussît en Afrique. Nous
devions nous réjouir que la France trouvât satisfac-
tion ailleurs que sur le Rhin. Nos relations avec la
France pourraient rester pacifiques et même ami-
cales : tant que la France n'aurait pas d'alliés, elle ne
serait pas dangereuse. Et si ces alliés étaient les
Anglais, nous la battrions quand même.

*
* *

Sur ces instructions et ces observations, la fin de l'ambassade du prince de Hohenlohe à Paris s'écoula dans le calme. A peine fut-elle troublée par les élections de 1885 et le vigoureux mouvement conservateur que détermina l'activité du comte de Paris. Hohenlohe n'en attendit d'ailleurs pas l'issue. En juillet 1885, il était nommé statthalter d'Alsace-Lorraine. C'en était fini, à partir de ce jour-là, de ses relations avec les démocrates et le monde républicain français. Le prince se réveillait en lui. Il raillait déjà à Paris avec beaucoup de dureté le petit peuple qui célèbre le 14 juillet, la prise de la Bastille et les immortels principes. Il ne fréquentait les Gambetta, les Grévy, que pour les besoins de la cause. En Espagne, représentant de l'empereur aux obsèques d'Alphonse XII, il ne verra pas le républicain Castelar, car « il va de soi » qu'on ne se commet pas avec ces gens-là. Le prince de Hohenlohe apparut donc avec une physionomie nouvelle d'autocrate et d'aristocrate dans son gouvernement d'Alsace-Lorraine. C'était un poste magnifique, un des plus enviés de l'Empire. Hohenlohe, dans son *Journal*, en énumère avec complaisance les avantages : deux cent quinze mille marcs de traitement, une vaste résidence « éclairée et chauffée », avec un jardinier et un portier aux frais du Trésor. Il ne manquait que « de l'argenterie, du linge et de la vaisselle » pour que sa satisfaction fût sans mélange. Ce n'en était pas moins une compensation agréable et bien due à un prince médiatisé. Le gouvernement de Strasbourg fut accepté comme un pur dédommagement par le descendant des princes souverains et immédiats de Hohenlohe-Schillingsfürst. L'Alsace-Lorraine paya pour la dépossession de 1806 et pour les suites d'Austerlitz. Hohenlohe, à peu près rétabli dans sa dignité, se plut dès lors à jouer au souverain. Il notait le soir sur ses tablettes avec un scepticisme élégant que « le métier de roi est un fichu métier ». Et il écrivait cela en français, à la façon de Frédéric II. On n'est pas plus ancien régime.

Il fut potentat et même despote. Il fit regretter Manteuffel aux Alsaciens-Lorrains. Ce « libéral » de Bavière fut, sur la Terre d'Empire, l'auteur de toutes les mesures de répression et de tyrannie. Nos compatriotes annexés continuaient de payer ainsi, comme les Bavarois l'avaient déjà fait, pour la médiatisation, jamais oubliée, des princes de Hohenlohe. Mais, après les Bavarois et les Alsaciens-Lorrains, Bismarck, le roi de Prusse et l'Empire même devaient payer leur tribut à cette vengeance. Chancelier de l'Empire, le prince de Hohenlohe allait remplir correctement sa tâche. C'était, par ambition et par goût des grandes charges, un fonctionnaire modèle. Mais, après sa mort, il a repris son indépendance. Et ses indiscrétions ont brouillé les cours et les chancelleries. Elles ont été le point de départ d'une agitation antimonarchique, d'une renaissance du particularisme, d'un réveil de l'esprit féodal, qui tourmentent en ce moment Guillaume II. Le prince de Hohenlohe fut de l'espèce des serviteurs trop intelligents pour n'être pas dangereux. Et c'est le roi de Bavière qui avait raison quand il refusait, il y a quarante ans, de le prendre pour ministre, par la raison qu'il est toujours prudent de se méfier d'un médiatisé. Seul Bismarck, qui construisait un ordre nouveau avec des hommes d'ancien régime et des idées de révolution, avait été assez fort pour utiliser ce grand seigneur rebelle, en qui reparaissait toute l'anarchie dont était mort le Saint-Empire.

LES SOUVENIRS

DE

M. de Gontaut-Biron

ET SA MISSION A BERLIN

Par une singulière rencontre, au moment même où la République fait une faillite universelle aux principes d'ordre et d'intérêt national, de toutes parts des documents voient le jour qui attestent l'impureté de ses origines et accusent la complicité dont la favorisa l'étranger. Quelques mois après la *Correspondance* de Bismarck et avant les *Mémoires* du prince de Hohenlohe, les *Souvenirs* de M. de Gontaut-Biron sont venus à la connaissance du public (1), comme si un intelligent hasard eût tenu à appuyer les uns par les autres l'authenticité de ces témoignages concordants. Toutes ces confidences posthumes

(1) *Mon ambassade en Allemagne*, 1872-1873, par le VICOMTE DE GONTAUT-BIRON, avec un avant-propos et des notes par ANDRÉ DREUX. (Librairie Plon-Nourrit.)

forment aujourd'hui un concert qui prononce l'indignité et proclame la trahison du régime républicain.

Le vicomte de Gontaut-Biron fut notre premier ambassadeur en Prusse après la guerre et le resta jusqu'en 1877. On connaît l'importance et les difficultés de la mission de M. de Gontaut. On sait que le duc de Broglie l'avait déjà racontée dans un livre écrit avec cette froideur et ce soin qui caractérisent toute son œuvre, mais dont la justesse et l'exactitude peuvent être mesurées à présent. Le duc de Broglie avait eu entre les mains, pour composer son étude, les notes laissées par M. de Gontaut-Biron. Connut-il toutes celles que voilà publiées aujourd'hui ? On en peut douter lorsqu'on le voit se contenter de poser en thèse générale, par exemple à propos de M. Thiers, des choses qui sont énergiquement affirmées dans les papiers de M. de Gontaut. Mais il y avait chez le duc de Broglie un pli de l'esprit qui l'empêchait de tirer tout le parti que comportent des révélations de cette gravité. Qu'est-ce que l'histoire, sinon une grande école et un répertoire d'expériences ? Elle était malheureusement autre chose pour le duc de Broglie. Ce grand seigneur la traitait avec des timidités de professeur. Il se croyait tenu, même pour les événements auxquels il avait pris part, à une doctorale impassibilité. Plaider, récriminer, prouver, lui eussent paru également indignes de l'historien. Il semble que cet homme, qui eut de grandes parties, ait été, comme écrivain, aussi paralysé par les préjugés universitaires, qu'il le fut, comme politique, par les préjugés libéraux. Et puis, lorsqu'il écrivait cet ouvrage, il s'était retiré du monde ; il se complaisait dans la pensée que son nom était synonyme d'un grand échec; il ne lui agréait pas d'imaginer que l'on pût reprendre après lui l'œuvre où il ne lui avait pas été donné de réussir. « Maintenant que les passions sont éteintes... » : c'était une tournure de phrase familière à M. de Broglie dans les derniers temps de sa vie. Hélas ! il n'y avait que les siennes qui le fussent.

Il a paru convenable au duc de Broglie de couvrir d'un pardon magnifique les injures que ses adversaires avaient faites non seulement à lui-même, mais encore à sa cause et à son pays. C'est pourquoi son récit de la mission de M. de Gontaut-Biron ne contient guère que d'académiques allusions à l'entente naturelle qui régnait entre Bismarck et les chefs républicains. Une fois, une seule, le duc de Broglie s'échauffe. L'homme et le Français triomphent de l'historien. C'est à l'endroit où il rappelle que Bismarck en personne prétendit s'opposer à l'accession de Henri V au trône. « Je ne me sentis jamais si royaliste que « le jour où je vis clairement qu'un Allemand « voulait m'empêcher de l'être », écrit-il. Telle doit être la leçon qui se dégage de ces événements et que confirment encore les souvenirs laissés par M. de Gontaut. Mais elle ne servirait à rien si elle ne devait être que la justification et l'apologie de M. de Broglie. Il faudrait qu'elle contribuât à l'éducation politique de tous les Français. Si l'histoire, et surtout l'histoire des temps modernes, n'est rendue bonne à cela, elle n'est que distraction et curiosité vaine. La sérénité d'un duc de Broglie finirait par ne pas se distinguer beaucoup du dilettantisme que ce doctrinaire a tant détesté. C'est pourquoi il ne nous paraît pas possible d'examiner comme du haut d'une chaire les souvenirs de M. de Gontaut (1) : ils sont d'un intérêt trop vital et trop puissant.

(1) Ces souvenirs s'arrêtent malheureusement à l'année 1873. M de Gontaut-Biron est mort sans avoir poussé plus loin la rédaction de ses notes. M. Emile Bourgeois rendait récemment cet hommage à son exactitude et à sa véracité dans un article de polémique où il essayait de mettre le duc de Broglie en contradiction avec M. de Gontaut : « J'ai eu l'occasion, par exemple pour l'entrevue des trois empereurs. de comparer ces notes (celles de M de Gontaut) aux récits contenus dans les dépêches qu'il

La mission du premier ambassadeur que nous ayons eu à Berlin après le traité de Francfort compta autant pour l'Allemagne que pour nous. On se rappelle le soupir de soulagement que poussa Bismarck lorsque la République se priva des services de cet excellent Français : « Le rappel de Gontaut-Biron m'a causé une satisfaction extraordinaire », ne manqua-t-il pas de faire savoir à Gambetta. Et, en effet, ayant accepté la plus ingrate et la plus pénible des ambassades par dévouement au bien public, M. de Gontaut-Biron avait, à tous les points de vue, dignement et utilement représenté la France à Berlin. Grâce à lui, l'évacuation du territoire par les troupes allemandes s'était faite plus rapidement. Grâce à lui et à la manière dont il sut se faire entendre à la cour de Prusse, le parti militaire, qui représentait comme « armements » et préparations à la revanche toute reconstitution de nos armées, de nos arsenaux, de nos finances même, fut tenu en respect. M. de Gontaut-Biron avait gagné l'estime et la confiance de l'empereur Guillaume et de l'impératrice. Les services qu'il put rendre au pays sont con-

adressait au quai d'Orsay. L'analogie est si frappante qu'elle inspire confiance. » (*Revue historique*, novembre-décembre 1906. A propos de cet article, voir l'appendice II.)

sidérables. Ses souvenirs, rédigés d'ailleurs sans aucune forfanterie, en donnent une juste idée.

Mais la partie la plus intéressante de ces mémoires est assurément celle où le vicomte de Gontaut-Biron montre comment et dans quel esprit la politique intérieure de la France était suivie à Berlin. Il entra en relations d'affaires avec Bismarck au temps où se décidait l'avenir de la France, où République et Monarchie étaient deux possibilités égales. En dépit de son habileté et de ses ruses diplomatiques, Bismarck ne réussit pas à dissimuler à notre ambassadeur de quel côté allaient ses préférences. Il ne put même, précisément peut-être à cause de l'affirmation trop répétée de sa neutralité et de son indifférence, lui cacher son véritable jeu. Tout ce qui nous a été révélé depuis par les témoignages authentiques et écrits de Bismarck lui-même, M. de Gontaut-Biron l'avait déjà compris et distingué. Ses mémoires apportent ainsi un supplément de preuves à l'histoire des origines allemandes de la troisième République.

M. de Gontaut-Biron était légitimiste. Et c'est un peu pour cette raison que M. Thiers l'avait choisi. Il fallait à la cour de Berlin un grand seigneur. Il fallait que ce grand seigneur n'eût pas la moindre tare révolu-

tionnaire pour être bien accueilli de Guil-
laume Ier. Thiers avait compris cela. Et c'est
pourquoi il avait chargé de ce poste difficile
M. de Gontaut-Biron.

Celui-ci ne tarda guère à se rendre compte
de la complexité des avis, des opinions et des
tendances qu'on montrait au sujet de nos
affaires dans le gouvernement de Berlin.
Comme état d'esprit, rien n'est plus instructif ni
plus curieux.

D'une part Guillaume Ier était profondément
conservateur. Son nouveau titre d'empereur
avait même à ses yeux quelque chose de révolu-
tionnaire qui lui déplaisait. Par goût et par
habitude, plutôt peut-être que par principe,
c'était un souverain de la Sainte-Alliance, parti-
san de la légitimité universelle. Mais ce point
de vue restait pour lui à la fois sentimental et
théorique. Il se contentait de regarder les révo-
lutionnaires et les républicains comme des
hommes avec lesquels il ne concevait pas
qu'aucune espèce de fréquentation fût possible.
Et c'est pourquoi Thiers avait bien vu qu'il
fallait lui dépêcher un Gontaut-Biron. Quant au
reste, le vieux roi de Prusse avait au cœur cette
haine, cette crainte. cette jalousie des Bourbons,
qui sont traditionnelles dans la maison de

Brandebourg. Haine, crainte et jalousie bien fondées, car la maison de France était seule capable d'arrêter les ambitions et les progrès de la maison rivale. Guillaume n'était pas le premier roi de Prusse qui fût partagé entre ce sentiment de basse envie et l'idée de la solidarité des trônes. N'est-ce pas déjà la même hésitation entre deux systèmes qui avait déterminé la retraite de Brunswick si tôt après l'invasion ? N'est-ce pas de ce même partage que venaient les flottements de Frédéric-Guillaume II, formant des vœux pour le succès de la Révolution après avoir envoyé une armée contre elle ? Et la jalousie des Hohenzollern ne s'atteste-t-elle pas dans l'imitation constante que fit leur politique de la politique des Capétiens ? Ainsi l'on peut être assuré qu'en dépit de ses répugnances à l'égard du régime républicain comme en dépit de ses traditions légitimistes, l'empereur Guillaume n'eût rien fait pour la restauration monarchique en France, quand même la volonté de son chancelier n'eût pas été vigilante et formelle sur ce point.

D'ailleurs, l'état d'esprit de Bismarck n'était peut-être pas moins compliqué que celui de son maître, mais il avait l'avantage d'être singulièrement conscient. Eclairé par l'idée de l'intérêt national, Bismarck avait peu de chances de se tromper.

Lui non plus n'était pas ami des révolutionnaires. Lui non plus n'était pas sans méfiance au sujet de nos républicains. C'est qu'il avait plusieurs raisons d'être prudent. D'abord il se souvenait du mouvement de 1848 et de la traînée de poudre partie de Paris pour soulever l'Europe. Il était encore incertain, à cette date, que l'exemple d'une République en France dût être mauvais en entraînant l'opinion et en exposant les Etats à la contagion rouge, ou qu'il dût être salutaire en servant d'épouvantail et de monstre capable de dégoûter pour longtemps les peuples du régime républicain. Bismarck, occupé à la construction d'une Allemagne nouvelle, redoutait tout élément d'agitation et de trouble. Le socialisme naissant, la puissante organisation de *l'Internationale* trouvant un point d'appui et des moyens de propagande dans une France démocratique, c'était, pour l'Empire à peine constitué, un danger dont l'éventualité valait d'être prise en considération. Le fait est que Bismarck réfléchit plusieurs mois avant d'adopter une attitude, dont il ne devait plus varier par la suite, au sujet de la question constitutionnelle en France.

D'ailleurs, il ne faut pas oublier qu'au lendemain de la guerre nous étions les débiteurs de l'Allemagne. Les cinq milliards n'étaient pas payés. Bismarck ne tenait pas à voir gaspiller et compromettre son gage. Il était, dans une certaine mesure, intéressé à une bonne gestion du patrimoine français. Si l'on joint à cette circonstance que les radicaux, les amis de Gambetta, gardaient encore leur réputation de parti de la guerre à outrance, et même jouaient de l'idée de revanche, — cette « guitare », — et ne reculaient pas devant une surenchère de patriotisme pour gagner les masses électorales, on comprendra la sage méfiance que garda longtemps Bismarck à l'endroit de nos républicains avancés.

Le système auquel, avec une simplicité élégante et une éloquente sagesse, il donna finalement sa préférence, le système qui mettait d'accord ses intérêts, ses désirs et ses craintes, c'était, par une rencontre merveilleuse, le système qui florissait alors en France : celui de la République conservatrice. Bismarck cachait mal à M. de Gontaut-Biron qu'il s'accordait particulièrement bien de ce régime, et que a République des honnêtes gens faisait surtout es affaires de la Prusse. En effet, une administration sérieuse et probe assurait temporairement la prospérité de la France, et par conséquent garantissait à la Prusse le paiement des milliards de l'indemnité. Quant à l'avenir, Bismarck n'était pas moins tranquille. De la République conservatrice, il n'avait pas à redouter ce qu'il craignait d'une « monarchie en règle », à savoir, selon son expression, « qu'elle rendît la France plus forte ». En politique expérimenté, il jugeait que cette combinaison ne durerait pas, que la République conservatrice, selon un mot célèbre, était une sottise, que la destinée de la République était de tomber aux mains des républicains avancés, qui sont les vrais, les seuls républicains, et que les conservateurs resteraient au pouvoir tout juste le temps de régler les affaires ingrates. Le suffrage de Bismarck allait à la *République dissolvante.* Bismarck était pour M. Thiers. Il s'intéressait avec vivacité aux succès de M. Thiers. Tout ce qui atteignait M. Thiers atteignait Bismarck lui-même. Le vicomte de Gontaut-Biron rapporte qu'il vit des figures longues, contrariées et irritées à Berlin, le jour où parvint la nouvelle de la démission du 24 mai, après l'offensive des monarchistes à l'Assemblée nationale. Son *Journal* analyse en

ces termes la manière dont Bismarck envisagea
cet événement :

Le procès du comte d'Arnim, écrit M. de Gon-
taut, n'a laissé aucun doute sur les intentions
et la politique du prince de Bismarck. Elles ont
été développées tout au long dans ses dépêches à
l'ambassadeur. Il morigénait brutalement celui-ci
de ses tendances monarchiques par rapport à la
France, et sa volonté était de tout faire pour main-
tenir dans le pays le régime républicain comme
étant propre à entretenir les divisions dans son sein
et à l'empêcher de se relever. *Or, M. Thiers était
l'homme qui lui convenait pour accomplir ses desseins.*
Si le prince de Bismarck désirait, en effet, le maintien
de la République, il lui aurait déplu, quoi qu'il en
ait dit, de la voir tomber dans le radicalisme ; les
entreprises et les agitations révolutionnaires lui
eussent créé des embarras et eussent réveillé dans
son pays même certaines sympathies de nature à
entraver son œuvre, peut-être même à encourager
certains mouvements de la part des socialistes déjà
fort nombreux en Allemagne. Il préférait donc de
beaucoup la République conservatrice, *c'est-à-dire
un état de choses d'apparence fort convenable, mais
dissolvant de sa nature*, conduisant, selon lui, au
résultat cherché, qui était d'affaiblir la France
immanquablement, quoique insensiblement, sans
crise violente et sans ces effervescences qui tra-
versent la frontière...

Le prince de Bismarck, bien qu'il ne pût conce-
voir aucune inquiétude sur le maintien de la paix

ou sur la fidélité à nos engagements, fut donc très irrité de voir passer le pouvoir en France des mains de M. Thiers dans celles des conservateurs, et nous ne tardâmes pas à en recueillir des preuves nombreuses. Mes amis n'avaient pas l'intuition exacte des conséquences de leur victoire sous ce rapport. Pour dire toute la vérité, moi-même je ne les prévoyais pas au degré où elles se manifestèrent (1).

Il n'est que juste d'ajouter que M. de Gontaut-Biron n'avait pas manqué, avant le 24 mai, d'avertir loyalement M. Thiers et M. de Rémusat qu'il désapprouvait leur violation du pacte de Bordeaux, leur politique d'évolution vers la gauche, et que la raison principale de sa désapprobation était — à part même ses convictions monarchiques — la faveur avec laquelle cette politique était considérée à Berlin. Une pareille considération, disait-il, devrait être « un motif déterminant de substituer un autre régime à la République, même conservatrice ». Soyons heureux de pouvoir nous mettre ici sous le patronage de M. de Gontaut-Biron. Beaucoup de personnes pourraient être choquées de voir l'illustre Thiers traité en complice de Bismarck. Il ne s'agit pas de nier le patriotisme de Thiers,

_____

(1) *Mon ambassade en Allemagne*, p. 337.

pas plus que nous n'avons nié le patriotisme de Gambetta. Thiers reste et restera le « libérateur du territoire » et surtout la Cassandre de l'Empire, le prophète clairvoyant de nos désastres. Mais c'est justement la pire des condamnations pour sa politique de 1872 que Bismarck l'ait regardée comme complémentaire de la sienne, et qu'il ait considéré que la République de Thiers favorisait la sécurité, les intérêts et les ambitions de la Prusse. Nulle intention, nul bon sentiment ne prévalent contre cela.

En prenant possession à la fois de la présidence du conseil et du ministère des affaires étrangères, le duc de Broglie savait bien qu'il allait se heurter à l'hostilité de Bismarck. Dès le 27 mai, il écrivait à M. de Gontaut-Biron :

Au vrai, de quel œil voit-on (à Berlin) une réaction conservatrice en France ? Lequel l'emporte de ces deux sentiments : celui de la solidarité de tous les gouvernements également menacés par l'esprit révolutionnaire, ou bien la crainte que cet heureux événement, en arrachant la France à une anarchie prochaine et certaine, ne lui rende trop de chances de se relever ? Dans la bienveillance qu'on témoignait à M. Thiers, ne se mêlait-il pas quelque calcul machiavélique ? Ne pensait-on pas, sans le dire, peut-être sans se l'avouer à soi-même, que le pouvoir d'un vieillard dominé par de mauvais

conseillers ne donnait à la France qu'un repos
matériel de quelques jours, nécessaire pour le paie-
ment de notre dette, mais qui serait suivi de nou-
veaux désastres dont on se réservait de profiter?
En un mot, verra-t-on sans déplaisir la France
arrachée à la certitude de sa ruine ?

A ces questions de M. de Broglie, M. de Gon-
taut-Biron répondit avec une sûreté de jugement
que tous les événements ont confirmée et que
ne pourra manquer d'admirer l'histoire : « On
« a vu avec plaisir en Allemagne, écrivait-il au
« ministre, l'arrêt mis aux progrès du radica-
« lisme par l'avènement du nouveau gouver-
« nement ; mais on veut que la convalescence de
« la France se prolonge bien longtemps ; on ne
« désire pas son rétablissement. C'est le senti-
« ment en particulier du prince de Bismarck et
« son esprit hardi en même temps qu'ingénieux
« ne négligera pas les occasions de nous empê-
« cher de nous relever (1). »

Il va sans dire que M. de Gontaut-Biron était
la dernière personne à qui Bismarck eût songé
à s'ouvrir de ses opinions sur les affaires de
France. Mis en éveil par son patriotisme autant
que par les avis de M. de Broglie, bien placé, grâce

(1) *Mon ambassade en Allemagne*, p. 381.

à la faveur qu'il avait acquise à la cour, pour voir, pour entendre et pour comprendre, notre ambassadeur réussit à percer les intentions du chancelier. Celui-ci fut profondément irrité de se sentir deviné. Il fallait désormais qu'il dissimulât non seulement sa politique et ses manœuvres, mais même ses goûts et ses préférences. M. de Gontaut, qui lui avait toujours été importun, lui devint dès lors insupportable. Le ressentiment de Bismarck s'accrut encore, un peu plus tard, lorsqu'il s'aperçut de l'influence que M. de Gontaut prenait sur les souverains allemands, influence dont les *Mémoires* de Hohenlohe révèlent toute l'étendue. Ainsi l'on comprend que le chancelier ait poussé ce soupir de soulagement historique que nous rappelions tout à l'heure lorsque, grâce à Gambetta, M. de Saint-Vallier remplaça M. de Gontaut-Biron. C'est la gloire du premier ambassadeur de France à Berlin après la guerre d'avoir mérité la haine de Bismarck.

Quelque temps après les événements de 1873, rassuré du côté du comte de Chambord, le chancelier s'abandonna à faire une demi-confidence, que M. de Gontaut-Biron accueillit d'ailleurs avec la méfiance qu'elle méritait, et qu'il interpréta avec lucidité. Ses *Souvenirs* rapportent l'incident en des termes que leur modération voulue rend encore plus convaincants :

Deux mois après l'échec de la Monarchie, le prince de Bismarck m'avouait franchement qu'il ne le regrettait pas. — « Si nous n'étions pas très sympathiques à l'avènement de M. le comte de Chambord, me dit-il, c'est que nous redoutions l'empire que prendrait sur lui le parti clérical. » Et il se crut obligé d'ajouter : « Et cependant il serait impossible de nous reprocher d'avoir fait la moindre chose contre lui. » Parole qui devait me rendre rêveur. Je ne sais pas si, dans cette circonstance, le prince de Bismarck a essayé de faire quelque chose contre le retour de M. le comte de Chambord ; ce qui ne fait pas l'ombre d'un doute, c'est la persistance de son hostilité contre la Monarchie en France, et ce qui en fait très peu, c'est sa participation aux intrigues de l'opposition contre le gouvernement conservateur à l'époque du 16 mai 1877 (1).

En face de l'hostilité déclarée de Bismarck à l'égard du comte de Chambord, son évidente sympathie pour Thiers forme un contraste frappant. Et M. de Gontaut-Biron réussit là encore à découvrir le jeu de notre grand ennemi.

L'inquiétude du duc de Broglie, en occupant le pouvoir après le 24 mai, était de savoir comment

(1) *Mon ambassade en Allemagne*, p. 408, **note.**

on prendrait à Berlin la victoire des conservateurs, universellement regardée comme le premier pas vers l'établissement de la Monarchie. La vérité, l'inoubliable vérité est qu'elle y fut on ne peut plus mal accueillie. Bismarck et l'empereur Guillaume regrettèrent M. Thiers. C'est pour le système, la méthode et la personne de M. Thiers qu'on s'était prononcé à Berlin. M. Thiers, en effet, répondait de l'ordre. Il n'était pas la Commune et ses convulsions. Il n'était pas Gambetta, ses agitations et son esprit de surenchère guerrière. M. Thiers était le garant que les milliards seraient payés avec exactitude sans que les troupes allemandes eussent à intervenir, — comme on put le craindre après le 18 mars 1871, — pour rétablir l'ordre et comprimer la révolution. La France était considérée comme le gage des cinq milliards ; M. Thiers comme le digne curateur de ce gage. Mais, en même temps, on savait bien que la méthode de Thiers n'était pas celle des Scharnhorst, des Hardenberg et des Stein, celle qui prépara le relèvement et les revanches de la Prusse au dix-neuvième siècle. On avait confiance à Berlin dans la République conservatrice, dans les combinaisons parlementaires de M. Thiers, pour procurer à la France une tranquillité provisoire, mais en même temps pour limiter son essor et arrêter la restauration de sa puissance. Bismarck ne désirait pas que la France fût si vite livrée aux véritables républicains, aux destructeurs et aux pillards. Tel n'était pas son intérêt immédiat. Mais il savait qu'il était dans la nature du régime conforme à ses vœux que les révolutionnaires en prissent la direction juste au moment où les milliards seraient payés, où l'unité allemande serait achevée, où lui-même n'aurait plus à craindre pour l'Allemagne renouvelée la « contagion rouge », au moment enfin où, dotée d'un gouvernement sérieux et fort, la France, avec ses ressources incomparables, eût pu aspirer à reprendre son rang et peut-être son bien.

Non seulement les vœux du chancelier étaient pour M. Thiers, mais encore il mettait à son service, il jetait dans le plateau de la balance l'autorité que lui donnait le corps d'occupation de l'Est et toutes les menaces et moyens de coercition dont dispose un créancier inquiet. M. de Gontaut-Biron saisissait cela, non point brutalement exprimé, mais indiqué clairement, pour qui savait lire et entendre, dans les communications officielles et dans les conversations privées. Le 14 décembre 1872, après un dîner de la cour, notre ambassadeur s'entretint avec Guillaume Ier.

Celui-ci le pria « avec un mélange d'intérêt et d'inquiétude » de lui rendre compte des affaires de France. M. de Gontaut-Biron comprit et s'efforça de rassurer le souverain qui, à la fin de l'entretien, content des explications reçues, déclara : « Pour notre part, ici, nous sommes « satisfaits de M. Thiers. Impossible d'exécuter « ses engagements avec plus de loyauté et d'exac- « titude ; nous avons donc intérêt à ce qu'il « reste au pouvoir. » M. de Gontaut-Biron, pendant ces mois si pénibles, fut dans l'obligation constante de fournir à la cour de Prusse des explications de cette nature. — Que signifie ceci? lui demandait-on à chaque vote de l'Assemblée, à chaque élection un peu retentissante. Notre ambassadeur écrivait à ce sujet à Thiers lui-même : « Je ne vous dirai pas combien il est dur « d'avoir à traiter si souvent de toutes les expia- « tions de cette malheureuse guerre, à rassurer « sur notre situation intérieure, à donner des « espérances d'ordre et de calme à des ennemis « peu généreux mais puissants et très ombra- « geux. » Et il put entendre Guillaume Ier qui accordait, dans son discours du trône de 1873, *satisfecit* à l'administration française: « L'espoir « que j'exprimais ici l'année dernière de voir « se développer la situation intérieure de la

« France dans le sens de l'apaisement et du
« progrès économique, n'a pas été déçu. Je fonde
« là-dessus l'espérance que le moment n'est plus
« très éloigné, où le règlement complet des
« questions financières permettra de procéder
« à l'évacuation complète du territoire français. »

M. de Gontaut-Biron ne fut pas long à com-
prendre le calcul qui inspirait cette politique à
Berlin. Et ce qui est singulièrement à son hon-
neur, c'est qu'il n'hésita pas à informer de sa
découverte le chef du gouvernement dont il tenait
sa mission et le ministre même dont il dépen-
dait. M. de Gontaut-Biron correspondait fréquem-
ment avec M. de Rémusat et avec M. Thiers.
Avec des ménagements et des formules de poli-
tesse qui n'excluaient pas la fermeté, il leur indi-
quait la situation et leur traduisait l'état d'esprit
que nous venons d'essayer d'exposer. Ses aver-
tissements témoignent à la fois de sa franchise
et de son intelligence. Il se reprocha même à
un certain moment de n'avoir pas été assez éner-
gique dans ses conseils. Ses *Souvenirs* sont
plus affirmatifs : « J'avais souvent hésité à dire à
« M. Thiers et à M. de Rémusat les sentiments
« que j'apercevais dans les hommes de gouver-
« nement à Berlin. C'est que j'avais peur d'être
« soupçonné de partialité. Et pourtant je le

« voyais aujourd'hui. Si j'avais un reproche à
« me faire, c'était de ne l'avoir pas assez dit.
« La vérité était, — je l'ai mandé — qu'on re-
« doutait avant tout la révolution, une entente
« du gouvernement avec la gauche, qu'on se mé-
« fiait de la République. Je l'ai déjà constaté
« ailleurs, ces sentiments-là on les éprouvait
« alors à Berlin, et on ne s'en cachait pas, *car*
« *l'indemnité n'était pas acquittée tout entière.*
« *Plus tard, on changera de langage et de poli-*
« *tique.* » Plus tard, en effet, comme on sait,
Bismarck n'hésita pas à reconnaître dans ce
Gambetta, si longtemps redouté, un allié invo-
lontaire, tel que Thiers l'avait été. La politique
de Gambetta favorisera en 1877 ses intérêts et
ses vues comme celle de Thiers les avait servis
en 1872-1873. M. de Gontaut-Biron a très bien
compris cela. Il serait trop long d'entrer dans
le détail des négociations qu'il conduisit pour la
« libération du territoire » et dans lesquelles il
remarqua que toute la bonne volonté montrée
par le cabinet de Berlin tendait à rendre plus
forte la situation de M. Thiers en France et dans
l'opinion. Il y a là, sans doute, un chapitre
d'histoire trop peu connu. M de Gontaut-Biron,
d'un trait qui pour être léger n'en est pas moins
cruel, indique la vanité avec laquelle M. Thiers

s'attribua tout le mérite d'une affaire où son habileté eut la moindre part. M. de Gontaut, en toute indépendance, éclaira ici son gouvernement sur le fond des choses. Avec une rude franchise, il communiquait à M. de Rémusat ces observations qui sont capitales : « Je dois « ajouter que notre situation intérieure donne « plus de confiance à l'Allemagne. Le désir de « consolider la situation personnelle de M. Thiers « a beaucoup contribué au succès de la négo- « ciation pour la libération du territoire. »

D'ailleurs, M. de Gontaut-Biron jugeait M. Thiers en psychologue. Il en fait le portrait suivant, qui ne manque ni de justesse ni d'esprit :

Puisant probablement dans son âge déjà avancé une ardeur très vive de fonder la République avant le temps marqué par le pacte de Bordeaux, penchant vers la gauche dans la crainte de ne pas trouver de la part des conservateurs la complaisance exigée par ses vues personnelles et ambitieuses, ne tenant aucun compte des déclarations pacifiques et conciliantes de M. Dufaure, son ministre, ni de l'adhésion que ce discours avait obtenue dans les rangs de la droite, pour toutes ces causes M. Thiers a rebuté les conservateurs, et ceux-là s'éloignant de lui, il n'a plus trouvé que l'appui de la gauche, c'est-à-dire, à un petit nombre d'exceptions près, des républicains de vieille roche, dirigés au fond par Gambetta et pour la forme seulement par lui. Tant qu'il était resté le chef du pouvoir exécutif, il avait appuyé la barre du gouvernail de leur côté ; une fois descendu du pouvoir, il ne gardera plus aucune retenue ; il cessera même ses relations privées avec ses anciens amis conservateurs et se livrera tout à fait aux républicains, à qui il confiera le soin de sa vengeance contre ceux qui l'ont dépossédé de la direction de l'Etat.

Je l'ai déjà dit : absent de l'Assemblée, à peu près étranger à ses discussions, encore plus étranger à ce qui se passait dans ses coulisses où l'on apprend bien plus la vérité sur les choses et sur les hommes que dans la salle des délibérations, insuffisamment renseigné par mes amis qui, ne voulant voir en moi, par patriotisme, que le diplomate, et non pas le député, se gardaient de distraire mon attention de la situation extérieure, influencé peut-être à Berlin plus que je ne le soupçonnais par la valeur politique qu'on y donnait à M. Thiers et par le désir très vif de voir la direction des affaires entre ses mains, je discernais beaucoup moins bien et les fautes en général et l'attitude du président que je ne l'ai fait plus tard. Cependant, dès ma première entrevue avec lui, quand il m'offrit l'ambassade de Berlin, et pendant tout le temps que j'ai collaboré avec lui et ses amis, non seulement je n'ai pas dissimulé, mais j'ai tenu à constater la différence d'opinions qui nous séparait. MM. Thiers et de Rémusat m'ont accepté ainsi. Je me suis cru le droit d'écrire plusieurs fois à tous les deux... pour

leur signaler nos dissentiments, et j'ai fait beaucoup
d'efforts pour les ramener vers les conservateurs (1).

Vieillard infatué et entêté, Thiers ne convenait
pas qu'il pût jamais avoir tort. Il prétendait
que sa méthode était la meilleure et qu'il avait
toujours agi pour le bien du pays. Il affirmait
que sa politique était la seule qui fût vraiment
conservatrice et capable de barrer la route aux
partis avancés. C'est ainsi que, répondant aux
observations et aux avertissements de M. de
Gontaut-Biron, il lui écrivait sur ce ton d'assu-
rance, de persiflage et de contentement de soi-
même : « Il y a à Paris de vieilles femmes
« bien connues qui écrivent à Berlin des indi-
« gnités dont elles ignorent la portée et qu'on a
« la faiblesse de croire. Soyez convaincu (et vous
« savez que je vous ai toujours dit les choses
« telles qu'elles étaient) *que M. Gambetta n'est*
« *pas plus vraisemblable que M. Ledru-Rollin, à*
« *qui personne ne pense plus :* il n'y a aucune
« chance en ce moment que je sois remplacé par
« lui, fussé-je mort, ce que je ne suis pas ; qu'en
« tous cas, les *prétendus rouges* ne veulent plus
« se servir de leurs fusils qu'on leur a ôtés et
« qu'ils aiment mieux recourir à leur carte

(1) *Mon ambassade en Allemagne*, pp. 231-233.

« d'électeur, *et par ce moyen même ils ne triom-*
« *pheraient pas.* Ils auront une minorité plus
« ou moins forte, et ce sont les légitimistes qui
« feront cette minorité un peu plus forte si elle
« le devient. La tranquillité est et restera pro-
« fonde. »

Prophéties qui devaient être tristement dé-
menties. Ainsi le même homme qui, quelques
années plus tôt, indiquait avec tant de vigueur
les conséquences nécessaires des fautes de
l'Empire, trouvait pour couvrir ses propres
fautes les mêmes affirmations et le même « cœur
léger » que les ministres de Napoléon III. La
triste réplique que fait une pareille lettre à ses
admirables discours du Corps législatif !

Le jugement que M. de Gontaut-Biron portait
sur M. Thiers a cette sérénité que donnent
l'éloignement et le contact de l'étranger, équi-
valent du recul des années. De Berlin, soustrait
à l'esprit de polémique et de parti, uniquement
occupé des intérêts français, M. de Gontaut-
Biron, mis en éveil et en réaction par l'opinion
de Bismarck et de Guillaume Ier, jugea M. Thiers
et son système comme les jugera l'histoire, et
comme la suite des événements doit les faire
juger. La République conservatrice lui apparut
comme une erreur, comme la « dernière faute

à commettre ». De cette faute les *Souvenirs* de M. de Gontaut-Biron précisent, pour tous les patriotes réfléchis, l'origine, la nature et l'étendue.

Il y a, dans l'histoire moderne, une situation comparable à celle où se trouva la France après la conclusion du traité de Francfort. La Prusse, au cours des années qui suivirent Iéna, offre l'exemple d'un Etat passé sous le protectorat du vainqueur. La Prusse battue avait de lourdes contributions de guerre à payer. Elle supportait une occupation militaire écrasante en garantie de sa dette. Mais cela même ne suffisait pas à Napoléon. Il prétendait surveiller la politique de la Prusse, lui choisir ses ministres et ses alliés, empêcher la reconstitution de son armée et de ses forces. Napoléon favorisait les Haugwitz et les Lombard, dont la pusillanimité lui assurait la soumission et dont l'opposition aux réformes militaires servait exactement ses vues. Au contraire, il poursuivait de sa haine les patriotes réformateurs. Il exigeait de Frédéric-Guillaume III le renvoi de Stein et même proscrivait de Prusse le ministre de la résistance. Autant que son œuvre, cette persécution a désigné Stein, précurseur du soulèvement national de 1813, à la reconnaissance des Allemands, tandis que la préférence que leur accorda l'ennemi de leur

patrie a couvert de honte Haugwitz et Lombard.
Les historiens de l'Allemagne contemporaine ne
parlent d'eux qu'avec mépris. Car l'approbation
de l'étranger reste comme une tache ineffaçable
sur la mémoire des hommes d'Etat. Elle atteste
invariablement qu'ils ont mal servi leur pays.
Or, cette significative faveur du conquérant, les
chefs républicains l'ont trouvée en France après
la guerre. Placée par la défaite dans les condi-
tions où Napoléon avait mis la Prusse, la France
revécut la même histoire. Au jugement des plus
modérés, il apparaît aujourd'hui que Thiers et
Gambetta y ont joué le rôle des Lombard et des
Haugwitz prussiens. Mais, par contre, quelle in-
vestiture, quel crédit reçoit la Monarchie fran-
çaise de la haine réfléchie et tenace de notre
plus grand adversaire !

Ce n'est ni par plaisir de nuire, ni par une
rancune impossible contre les hommes d'une
génération disparue, ni pour flatter je ne sais
quelles passions des partis défunts, que nous
avons fait ressortir de tant de documents et de
témoignages le déshonneur qu'ils jettent sur les
fondateurs de la République. Nous n'avons pas
mis de système dans ces pages. Les faits y
parlent tout seuls. Le peuple français a cru long-
temps devoir de la reconnaissance à des hommes

que leurs idées et leur politique, et non leur
volonté, exposèrent à servir mieux l'étranger que
leur propre patrie. Les peuples se trompent sou-
vent sur leurs destinées et sur leur intérêt véri-
table. C'est une de ces erreurs-là que la France
a commise en saluant dans le régime républi-
cain un régime national. Nous savons aujour-
d'hui que la République est un legs du pro-
tectorat bismarckien. Nous le savons de science
certaine. A le dire, à le démontrer, on n'injurie
pas les hommes : on tire de l'histoire une
leçon (1).

(1) On trouvera à l'appendice III quelques pages de ses
Mémoires où Bismarck apprécie l'activité diplomatique de
M. de Gontaut-Biron à Berlin.

LES

Idées napoléoniennes,

ET L'UNITÉ ALLEMANDE

Empereur et révolutionnaire,
c'est trop d'un !
PROUD'HON.

I

NAPOLÉON III ET LE DROIT DES PEUPLES.

La morne figure de Napoléon III n'est pas de
celles qui font naître la sympathie, moins encore
l'enthousiasme. Les catastrophes mêmes où il a
entraîné tout un peuple, et dont les effets pèsent
toujours sur nous et sur l'Europe, n'ont pu créer
la légende de ce morose César. Seules, ses
années de jeunesse, ses aventures de préten-
dant, ont quelque chose de hardi et de volon-

taire qui ne déplaît pas à l'imagination. Entre les biographes de l'empereur, M. André Lebey aura choisi la meilleure part en se faisant l'historien des « trois coups d'Etat de Louis-Napoléon Bonaparte ». De Strasbourg à Boulogne, à travers les conspirations et les intrigues, une ambition se dessine, tout un système prend corps, l'idéologie épouse le roman. Il arrive qu'en lisant le récit de ces tentatives folles et prématurées on oublie le fléau napoléonien. Mais il ne tarde jamais à se rappeler au souvenir. Dans l'histoire de ce jeune prétendant qui risqua deux grosses parties et réussit brillamment la troisième, on voit l'origine des erreurs et des fautes dont le futur souverain fera porter le poids à la patrie. Entre un soulèvement militaire et une tentative de débarquement, il se grise des funestes doctrines qu'il appliquera avec entêtement lorsqu'il sera sur le trône. Ce prétendant tenait avec la même énergie aux deux lots qu'il avait trouvés dans l'héritage de son oncle : la couronne impériale et les idées napoléoniennes, c'est-à-dire révolutionnaires. Deux calamités à la fois pour la France : comme disait Proudhon, c'est trop d'une !

L'idée capitale du règne de Napoléon III, celle

qui le caractérise, celle qui a amené tous les désastres dont les conséquences accablent aujourd'hui la France, ont changé ses destinées et assombrissent son avenir, c'est le principe des nationalités. Qu'un rêveur, d'ailleurs à demi étranger, que l'héritier du testament de Sainte-Hélène, qu'un jeune homme, formé en Allemagne et en Suisse et frotté de carbonarisme, ait pu consacrer son influence et ses forces à ce principe, rien que de naturel. Or tel fut, toute la courbe de son histoire le montre, l'éternel, l'unique moteur de la vie et de la politique de Napoléon III. Après Sadowa, après Sedan même, après l'unité italienne et l'unité allemande faites contre nous, après l'effondrement de son trône, il s'acharnera encore à défendre et à glorifier ce principe. Mais que tout un peuple ait adopté cette idée de suicide et de ruine, c'est ce que l'on comprendrait peut-être mal sans l'opiniâtreté que mit Napoléon III à la défendre durant la mauvaise fortune avant de l'appliquer, une fois monté au pouvoir, et sans le soin qu'il prit, dès sa jeunesse, de marquer les points de contact et de ressemblance qu'il y avait entre sa doctrine et la doctrine démocratique et révolutionnaire.

M. André Lebey insiste avec raison sur la

« préparation » des coups d'Etat de Louis-Napoléon. Il analyse la propagande à laquelle le prétendant lui-même, de sa propre plume, se livra de tout temps en faveur de ses idées. Il montre enfin le secours qu'apportèrent à cette propagande pendant la monarchie de Juillet la littérature et les arts, et comment Louis-Napoléon sut employer ces puissants auxiliaires.

Préparer l'esprit public à ses coups d'Etat, faire la philosophie de l'Empire, ce fut la besogne la plus importante que le prétendant crut devoir accomplir en attendant de faire l'Empire lui-même. Acquitté après l'échauffourée de Strasbourg, il recommence par ses écrits et ses manifestes à « préparer » l'affaire de Boulogne. Emprisonné après cette affaire, il n'en continue pas moins d'écrire des brochures et des livres qui feront connaître ses idées. C'est lui qui baptisait son temps de prison « mes années de l'Université de Ham ». Conquérir le pouvoir étant le but de sa vie, il ne faisait pas de différence entre l'action directe et la propagande des idées. Sa doctrine, son ambition, son activité, ne se séparaient pas.

Sa méthode fut excellente. M. André Lebey dit avec raison qu'elle peut être appelée le modèle des méthodes. Secondé par Persigny,

Louis-Napoléon avait adopté le vrai moyen de parvenir. Le malheur est qu'il le mit au service des idées les plus contraires à l'intérêt national. Mais telle est la force d'une propagande pareille à celle qu'il avait conçue et qu'il mit à exécution, que ces idées mêmes aidèrent l'Empire à trouver son chemin dans l'opinion et ouvrirent l'accès du pouvoir à l'héritier de Bonaparte.

Le numéro unique de cette fameuse *Revue de l'Occident* où Persigny, — qui n'était encore que Fialin et méditait de devenir « le Loyola de l'Empire », — voulait fixer la doctrine napoléonienne, portait déjà pour épigraphe le mot du premier empereur : « J'ai dessouillé la Révolution, ennobli les peuples et raffermi les rois. » Et Fialin commentait ainsi cette parole célèbre : « A nous l'idée napoléonienne! En cette impé-
« riale idée résidait la tradition tant cherchée du
« dix-huitième siècle, la vraie loi du monde
« moderne et *tout le symbole des nationalités occi-*
« *dentales...* Le temps est venu d'annoncer *par*
« *toute la terre européenne* cet évangile impérial
« qui n'a point encore d'apostolat. Le temps est
« venu de relever le vieux drapeau de l'empe-
« reur... »

Ainsi Louis-Napoléon et son confident avaient

recueilli comme un précieux héritage l'esprit révolutionnaire du testament de Sainte-Hélène. L'un et l'autre acceptaient et comprenaient l'idéal cosmopolite qui avait inspiré l'œuvre de Napoléon Ier comme celle de la Révolution. Cet idéal, les proclamations que Louis-Napoléon avait préparées pour l'affaire de Strasbourg l'expriment nettement déjà. Elles annoncent tout le programme du second Empire. Louis-Napoléon disait dans sa première « proclamation au peuple français », en imitant, non sans feu ni sans adresse, le style des bulletins de la Grande Armée :

« Français, que le souvenir du grand homme
« qui fit tant pour la gloire et la prospérité de la
« patrie vous ranime! Confiant dans la sain-
« teté de ma cause, je me présente à vous le
« testament de l'empereur Napoléon d'une
« main, l'épée d'Austerlitz de l'autre. Lorsqu'à
« Rome le peuple vit les dépouilles ensan-
« glantées de César, il renversa ses hypocrites
« oppresseurs. Français, Napoléon fut plus
« grand que César : il est l'emblème de la civili-
« sation au dix-neuvième siècle.

« Fidèle aux maximes de l'empereur, je ne
« connais d'intérêts que les vôtres, d'autre
« gloire que celle d'être utile à la France *et à*
« *l'humanité...*

« J'ai voué mon existence à l'accomplisse-
« ment d'une grande mission. Du rocher de
« Sainte-Hélène un regard du soleil mourant a
« passé sur mon âme ; je saurai garder ce feu
« sacré ; *je saurai vaincre ou mourir pour la*
« *cause des peuples.* »

Et dans sa proclamation à l'armée, il répétait
encore : « Soldats français, quels que soient vos
« antécédents, venez tous vous ranger sous le
« drapeau tricolore régénéré : il est l'emblème
« de nos intérêts et de notre gloire. La patrie
« divisée, la liberté trahie, *l'humanité souffrante,*
« la gloire en deuil, comptent sur vous. Vous
« serez à la hauteur des destinées qui vous
« attendent. »

Après l'échec de Strasbourg et son acquitte-
ment, Louis-Napoléon, en attendant de re-
prendre l'épée, reprend la plume. C'est alors
qu'étant à Londres, il écrit les *Idées napoléo-
niennes.* On y trouve déjà l'unité italienne
annoncée : « Le nom si beau d'Italie, mort
« depuis tant de siècles, rendu (par Napoléon Ier)
« à des provinces détachées, renferme en lui
« seul tout un avenir d'indépendance. » Le pré-
tendant explique le vrai sens de l'œuvre napo-
léonienne détruite par les traités de 1815, et qui
était de ressusciter les nationalités européennes

par les idées révolutionnaires. Sans Waterloo,
« l'humanité eût été satisfaite, car la Provi-
« dence n'a pu vouloir qu'une nation ne fût
« heureuse qu'aux dépens des autres et qu'il n'y
« eût en Europe que des vainqueurs et des
« vaincus et non les membres réconciliés d'une
« même et grande famille ». Singulière persis-
tance de la chimère ! Trente ans plus tard,
Napoléon III tiendra le même langage dans cette
circulaire où, après Sadowa, il affirmait que ce
serait une politique mesquine que de s'opposer
par crainte ou par jalousie à ce que l'Allemagne
réalisât son unité, comme la France, avant elle,
avait fait la sienne. Et la conclusion des *Idées
napoléoniennes* était celle-ci : « Que les mânes de
« l'empereur reposent en paix ! Sa mémoire
« grandit tous les jours. Chaque vague qui se
« brise sur le rocher de Sainte-Hélène apporte,
« avec un souffle d'Europe, un hommage à sa
« mémoire, un regret à ses cendres, et l'écho de
« Longwood répète sur son cercueil : *Les peuples
« libres travaillent à refaire ton ouvrage.* »

C'est ainsi que Louis-Napoléon préludait
au débarquement de Boulogne. Un précieux
chapitre du livre de M. Lebey montre que ces
écrits, où se précisaient déjà les théories du
futur règne, n'étaient pas mal vus par l'étranger ;

les chancelleries surveillaient le neveu de l'empereur. Elles trouvèrent à un certain moment qu'il pourrait assez bien servir leurs desseins. Il est très probable, quoique les documents ne soient pas des plus explicites, que l'affaire de Boulogne trouva au moins des encouragements en Russie et en Angleterre. C'était le temps où l'Angleterre défiait la France, où presque toute l'Europe nous était hostile. M. Lebey cite ce passage d'Elias Regnault dans son *Histoire de huit ans* : « Ce n'est pas assurément que le « ministre anglais ou l'ambassadeur moscovite « crussent sérieusement à une restauration napo- « léonienne ; mais une descente improvisée « pouvait distraire les esprits de la grave « question d'Orient, détourner les colères de « Louis-Philippe et affaiblir son gouvernement « par de nouvelles inquiétudes. Louis Bona- « parte, sans s'en douter, servait d'instrument à « des roueries diplomatiques, et les hommes « d'Etat dont il croyait avoir l'appui ne l'atti- « raient à eux que pour le pousser en avant, « comme la sentinelle perdue de la coalition. » A cette citation d'un contemporain, M. André Lebey ajoute cet excellent et vigoureux commentaire, qui ne laisse pas de surprendre d'ailleurs, et de faire plaisir, partant d'un écrivain

bonapartiste : « Dans ce cas, Louis-Napoléon
« aurait prélude au rôle que devaient lui faire
« jouer en Europe Cavour et Bismarck ; la théorie
« des nationalités unissait les trois hommes,
« mais Cavour et Bismark ne la comprenaient
« que pour leur propre pays, et avec d'autant
« plus de force et de netteté. » Chacun s'étonnera
qu'on puisse être encore bonapartiste quand on
voit aussi clairement, quand on dit aussi bien
que l'Empire, au détriment de la France, n'a
profité qu'à l'étranger. Ce devait être la destinée
du troisième Napoléon de « servir d'instrument
à des roueries diplomatiques ». Singulière pro-
phétie : après Boulogne, le prisonnier de Ham
avait écrit au charbon sur les murs de sa
chambre : « La cause napoléonienne est la
« cause des intérêts du peuple ; *elle est euro-*
« *péenne* ; tôt ou tard elle triomphera. » Elle a
triomphé, en effet, pour l'avantage de quelques
peuples européens.

La fin du livre de M. Lebey montre comment
le réveil des souvenirs napoléoniens, — entre-
tenus par les livres de Thiers, par les poèmes de
Victor Hugo, par les chansons de Béranger, par
les lithographies de Raffet et de Charlet, par
l'initiative même du gouvernement de Louis-
Philippe, soucieux d'opérer la réconciliation

nationale et ramenant aux Invalides les cendres du héros, — favorisa la propagande des idées de Louis Bonaparte. Un homme avait été clairvoyant. Chose extraordinaire, cet homme était Lamartine. Quand il s'était agi de voter un crédit pour élever le tombeau de Napoléon Ier, il avait averti la Chambre. Prenez garde, disait-il. Ne croyez pas que « cet ébranlement des imagi-
« nations du peuple, que ces spectacles pro-
« longés et attendrissants, ces récits, ces publi-
« cations populaires, n'ont aucun danger pour
« l'avenir de la monarchie. — J'ai peur que
« cette énigme n'ait un jour son mot. Je ne suis
« pas sans inquiétude sur cette divinisation d'un
« homme... Sur sa tombe, il faudrait graver ces
« trois mots : *A Napoléon seul*, afin qu'ils in-
« diquent à la France et à l'Europe que si cette
« généreuse nation sait honorer ses grands
« hommes, elle sait les séparer même de leur
« race et de ceux qui les menaceraient en leur
« nom, et qu'en élevant ce monument, elle
« ne veut susciter de cette cendre ni la guerre,
« ni des prétendants, ni même des imita-
« teurs. »

Lamartine voyait juste. Les écrivains romantiques, les orateurs, les publicistes libéraux, servirent, contre la France, la cause de Napoléon III, qui était la cause de la Révolution. Même quand ces libéraux se seront faits ses ennemis par haine de l'Empire autoritaire, ils ne pourront s'empêcher d'applaudir le « serviteur de la cause des peuples », l'artisan de l'unité italienne et de l'unité allemande.

Il reste, — et c'est la moralité machiavélique du livre de M. André Lebey, — que Louis-Napoléon a su utiliser ces éléments-là pour son succès. Et sa méthode fut en effet la bonne. Louis-Napoléon et ses amis de la première heure comprirent que le commencement de leur tâche était de propager leurs idées et de préparer les esprits. « Napoléon III, écrit M. Lebey, a réussi « en se montrant avec intelligence, en appuyant « ses pas en avant d'actes et d'écrits, en se ser- « vant des uns et des autres avec une obstination « où bien peu eussent persévéré, car il a été « l'explorateur de sa route, tantôt son ingénieur, « tantôt son ouvrier, puis son conquérant. » Cela est fort bien dit. Telle est la vraie méthode par laquelle réussissent des entreprises de cette nature. Mais il faudra éternellement regretter que celle qui a mis Napoléon III sur le trône ait causé à la France d'irréparables dommages. L'avènement de ce prétendant devait être le triomphe de la cause des peuples, l'occasion des succès italiens et germaniques, l'origine des diminutions françaises. Ainsi l'intelligence, l'activité, l'enthousiasme, la volonté de réussir entrèrent au service de toutes les puissances de l'erreur et du mal. Il fallut pour le malheur de la patrie que, de nouveau, l'ambition d'un Bonaparte conspirât avec les circonstances et avec les illusions de son siècle. Je ne crois pas qu'on puisse toucher à une seule page de l'histoire du second Empire — même à ses préludes et dans la formation de ses principes politiques — sans avoir le droit d'exprimer, au nom de la France, cette exécration.

II

L'EMPIRE LIBÉRAL
ET LE PRINCIPE DES NATIONALITÉS.

Avant que son idéologie lui coûtât le trône, les services qu'elle rendit à Napoléon III furent considérables. Les principes de l'Empire constituèrent sa garantie contre une opposition vraiment dangereuse. Ce serait une histoire à écrire que celle des ralliements qui se firent depuis le lendemain du coup d'Etat jusqu'à la veille même de la catastrophe. Elle montrerait que les idées y eurent plus de part que l'intérêt. C'est qu'à droite comme à gauche, le système impérial offrait des satisfactions. Pour les conservateurs sans doctrine, l'Empire représentait les principes d'ordre et d'autorité ; quant aux libéraux et aux démocrates, ils devaient, bon gré mal gré, lui donner leur approbation lorsqu'ils le voyaient appliquer les parties communes du programme napoléonien et du programme révolutionnaire. L'opposition de gauche sous la Restauration et sous la Monarchie de juillet avait surtout vécu d'un prétendu nationalisme. La haine des traités de 1815 était son alpha et son oméga. Que devint-elle lorsque le prince-président, en prenant le pouvoir, annula le principal article de ces traités, où avait signé l'Europe entière, et qui proclamait pour Napoléon et ses descendants l'exclusion éternelle du trône de France ? Et que demeura-t-il de cette opposition le jour où Napoléon III lui-même déclara que les traités de 1815 n'existaient plus ? C'est ainsi qu'Emile de Girardin fut amené à servir l'Empire. C'est ainsi que les Havin et les Guéroult, qui soutenaient la cause de l'unité italienne, durent s'incliner devant Napoléon, qui était un partisan bien plus sérieux qu'eux-mêmes de l'Italie une, puisqu'il faisait la guerre pour la réaliser. Ainsi, pour la politique intérieure, l'Empire se reposait sur la confiance de ces éléments de droite qui sont contents au prix de l'ordre matériel. Par sa politique extérieure, il comblait les vœux des éléments de gauche. Il eût pu se maintenir longtemps par ce jeu de bascule, si le propre des idées de gauche n'était justement d'entraîner à leur perte les gouvernements qui s'y abandonnent. C'est l'idée révolutionnaire du droit des peuples, c'est le principe des nationalités qui ont tué l'Empire et ont, avec lui, entraîné la France dans son désastre. Or il ne faut jamais oublier que Napoléon III fut approuvé dans son œuvre européenne, dont le moins qu'on puisse dire est qu'elle toucha à l'absurde, par la presque totalité de l'opinion démocratique.

M. Emile Ollivier reste le témoin de cet accord des républicains et des Bonaparte contre les intérêts les plus évidents de la nation française. Aujourd'hui qu'il écrit l'histoire qu'il a faite, M. Emile Ollivier accuse plus haut que jamais cette identité de vues et ne craint pas, malgré les dures leçons de l'expérience, de justifier par la communauté des aspirations un ralliement qui lui a coûté si cher. Un homme actif et ambitieux ne court dans l'opposition qu'une carrière monotone et stérile, s'il n'est soutenu par le culte de ses idées. M. Emile Ollivier se départit d'une intransigeance qui n'avait plus de raison d'être, le jour où la bonne foi l'obligea de reconnaître qu'en somme il voulait les mêmes choses que Napoléon III. Ce n'est donc pas à M. Emile Ollivier, c'est au régime impérial, que ce ralliement fameux fait reproche.

De ce ralliement, M. Ollivier a donné le vrai

sens et montré la préparation dans les dix tomes de son grand plaidoyer pour *l'Empire libéral.* S'il a dans cette histoire démontré une chose, c'est que l'Empire réalisa la conjonction de toutes sortes d'hommes étrangers à l'idée de l'intérêt national. Quel est le titre du premier volume de cette histoire ? *Le principe des nationalités.* C'est ce principe, en effet, qui domina la vie politique et la pensée de M. Ollivier, comme il gouverna le règne de Napoléon III lui-même. C'est dans ce principe qu'il faut voir l'origine de l'Empire libéral. C'est par ce principe que l'Empire libéral encourt toutes les responsabilités de 1870 au même titre et au même degré que l'Empire autoritaire.

Inconcevable puissance d'une idée contre laquelle tout proteste : la raison et l'histoire autant que l'intérêt français. Après Sedan, Napoléon III ne s'y était pas encore soustrait, nous le verrons tout à l'heure. M. Emile Ollivier qui, dans sa patrie déchue, dans une Europe transformée et sans équilibre, assiste aux désastreux effets, — désastreux pour la France, pour l'ordre, pour la civilisation universelle, — de sa chimère préférée, n'est pas encore revenu du charme sous lequel fut tenue la jeunesse de son temps. Le dixième tome de son histoire apologétique en est la preuve. M. Ollivier y relate quelques-uns des faits qui furent décisifs pour l'avenir de la France : Mentana, le renversement de l'opinion allemande en faveur de la Prusse, enfin les discussions du Corps législatif sur la loi militaire et sur la politique extérieure de l'Empire. Il y avait, dans ce pénible mais instructif récit, bien des occasions pour M. Emile Ollivier de reconnaître ses erreurs, d'abjurer, instruit par l'expérience, un libéralisme funeste, et de donner l'exemple de l'indépendance d'esprit et du courage intellectuel en proclamant que les idées qu'il avait servies constituaient autant d'outrages à la vérité politique, autant d'atteintes à la chose française.

Il y a quelques traces de résipiscence, il faut le dire, dans le volume de M. Ollivier. En deux circonstances, il exprime brièvement le regret de s'être opposé aux projets du maréchal Niel sur la réforme militaire. Il écrit à un endroit : « Une certaine école professe « un profond mépris pour *la vieille culotte de* « *peau.* Moi-même, cédant à ce préjugé, j'ai dit « autrefois que c'est une calamité. » Et, cinquante pages plus loin, après avoir reproduit en partie une de ses harangues : « Il y a des « erreurs dans ce discours. Ainsi je me prononce

« contre les grands commandements, qu'il eût
« fallu seulement mieux constituer ; contre l'ex-
« cellente constitution d'un corps d'élite, mo-
« dèle et ressource suprême ; je méconnais la
« valeur des vieux soldats, ce nerf de l'armée ;...
« je manifeste de nouveau cette confiance,
« illusion de mon désir pacifique, qu'il dépen-
« dait de notre modération d'éviter la guerre
« avec l'Allemagne, et, par conséquent, au lieu
« de trouver qu'on ne s'arme pas assez, je crains
« qu'on ne s'arme trop. Du moins, je n'ai pas
« poussé l'aveuglement pacifique jusqu'à me
« prononcer contre les armées permanentes et à
« méconnaître les services qu'elles ont rendus à
« la société. »

Tel est le seul *mea culpa* auquel consente
M. Émile Ollivier. Le reste de son livre affirme
ses erreurs de jadis. Bien mieux, il n'en a même
pas conscience ; il en tire vanité. Il expose la
thèse des nationalités comme quelque chose qui
fait honneur à une politique. On est confondu
par la manière dont, en 1905 encore, un homme
qui eut tant de part aux événements de 1870,
parle de cette unité allemande qui s'éleva sur
nos ruines. A la « légèreté » spécifique de
M. Émile Ollivier se joint ici l'esprit d'aveugle-
ment et d'irréalité qui caractérise les hommes

d'Etat et la politique de gauche. Ainsi M. Emile Ollivier rapporte qu'en 1867, il fit en Allemagne un voyage au cours duquel il s'informa de l'état de l'opinion allemande. Il en revint avec « la « conviction que l'Allemagne, malgré des dis- « sentiments réels, se réunirait tout entière « contre nous en armes, dès que nous ferions « mine de nous mêler de ses affaires intérieures « dans l'intérêt d'une solution quelconque (1) :

(1) Cependant c'est M. Ollivier lui-même qui relate des déclarations que Dalwigk, ministre de Hesse-Cassel, faisait « en toute occasion » à notre représentant M. d'Astorg : « Plus la France attendra, plus elle trouvera organisée la force prussienne qui ne l'est pas encore du tout dans le Sud. Comme Allemand je ne prononcerais pas ce mot de guerre. Mais si j'étais la France, je la ferais le plus tôt possible, car la Prusse considère chaque jour davantage la France en état d'infériorité sous le rapport militaire, et plus on attendra, moins la Prusse aura tort. La France consentira-t-elle à perdre tout le prestige de sa puissance, prestige dont elle a été si jalouse jusqu'ici et qui l'a placée à la tête des nations ? Une guerre entre la Prusse et elle est inévitable. Assurément, comme Allemand, je ne la souhaite pas ; comme Hessois, je suis prêt. Si la France est prête, et que, cherchant un prétexte pour rompre avec la cour de Berlin, elle considère que l'entrée de la Hesse entière dans la confédération du Nord est de nature à provoquer cette rupture, je suis disposé à servir ses desseins, et dès demain je proclame l'entrée du Grand-Duché. Sinon je résiste encore. Il est impossible que la France reste plus longtemps spectatrice muette du développement menaçant que la Prusse prend chaque jour ; les assurances de modération que Bismarck donne volontiers ne sont que des mensonges perfides ; la guerre seule peut

« au contraire, si nous renoncions à tout
« agrandissement, bien des années s'écoule-
« raient encore avant que le roi Guillaume et
« Bismarck eussent franchi la ligne du Rhin. »
Cet *au contraire*, rapproché des événements
connus, des intentions avouées de la Prusse, de
la politique, maintenant dévoilée, du prince de
Bismarck, constitue une erreur historique de
première grandeur après avoir été un diagnostic
de dixième ordre. De même, M. Ollivier réédite
une lettre écrite le 16 avril 1868 sur la situation
politique de l'Europe : « Je vous admire, y disait-
il à sa correspondante, de croire que dans la série
essoufflée et mal enchaînée des expédients qui
se déroulent devant nous, il y ait un plan et
une conception quelconque. » Comment l'excuser
d'avoir méconnu et de méconnaître encore
qu'il y avait en Prusse, au moment où il écri-
vait ces lignes mieux faites pour l'oubli, un roi
et un ministre qui savaient ce qu'ils voulaient

mettre un terme à cet état de choses. Aujourd'hui elle peut
se faire à d'heureuses conditions pour la France ; plus tard,
je crains qu'il ne soit trop tard. » Telles étaient les bonnes
volontés qui s'offraient à nous en Allemagne jusqu'après
Sadowa. Mais M. Ollivier ajoute, avec sécheresse et
satisfaction, que M. d'Astorg, représentant du gouverne-
ment impérial, « ne répondit à ces *excitations* que par le
silence ». (*Empire libéral*, tome X, p. 49.)

et qui l'obtinrent grâce à M. Ollivier et à Napoléon III, à l'Empire et au principe des nationalités ?

C'est ce qui apparaît lorsqu'on lit à la clarté des choses irréparables le chapitre de ce livre qui est intitulé : *Thiers et Ollivier sur les nationalités*. M. Ollivier n'a pas craint d'y insérer un discours dirigé contre Thiers qui — c'est son meilleur, peut-être son seul titre de gloire — vit constamment clair et juste, durant le second Empire, dans les événements du dehors, et qui en décrivait la suite fatale comme le fait accompli nous la montre à nous-mêmes. Il importe de reproduire cette page. C'est un monument. Le bon sens, d'accord avec le patriotisme, et représenté par Thiers, s'y oppose avec une netteté presque tragique à l'idéalisme exaspéré, à la conception chimérique du droit des peuples et de la fraternité universelle que défendait M. Emile Ollivier :

Thiers m'interrompit au milieu de mes développements en criant : « Et l'intérêt de la France ! Montrez-nous donc l'intérêt de la France dans tout cela ! » Je repris : « M. Thiers me dit : Montrez-nous donc l'intérêt de la France ! (*Voix nombreuses : Oui ! Oui !*) Je vais lui répondre : le caractère particulier de notre nation, ce qui constitue sa supériorité, c'est qu'elle a toujours mis son ambition, non dans la satisfaction matérielle du territoire agrandi. mais dans la satisfaction morale des idées répandues. (*A la gauche de l'orateur : Très bien ! Très bien !*) — THIERS, *se levant :* Où la mettez-vous donc, l'histoire de France ? Il faut déchirer notre histoire entière. Nous sommes ici tantôt Italiens, tantôt Allemands ; nous ne sommes jamais Français. (*Très bien ! très bien ! Applaudissements.*) Soyons Français ! (*Nouveaux applaudissements.*) — EMILE OLLIVIER : Je vais vous le dire. — THIERS : Laissez-moi ajouter un mot. Je vous demande pardon de mon émotion ; mais enfin si en Allemagne on était Français, si en Italie on était Français, je comprendrais que nous allassions prendre fait et cause pour les Allemands et les Italiens ; mais comme en Allemagne on est Allemand et qu'on est Italien en Italie, il faut en France être Français. (*Applaudissements et bravos répétés.*)

Sans me laisser émouvoir par ces interruptions presque frénétiques, je repris tranquillement : « ... Vous me demandez où est l'histoire de France ? L'Assemblée constituante a été la plus imposante des assemblées politiques ; dans son sein ont apparu des hommes de génie dont les paroles retentissent encore dans l'âme du pays Quelle a été sa première affirmation ? Vous l'avez dit vous-même en parlant un jour des libertés nécessaires, cela a été non de déclarer les droits de la France, mais les droits de l'humanité ; non de vouloir l'affranchissement de la France, mais de vouloir l'affranchissement de tous les peuples. (*Rumeurs diverses en face et à droite de l'orateur. — Vives appro-* *bations sur plusieurs bancs à gauche.*) Cela a été de placer l'intérêt de la France non dans une grandeur égoïste, mais bien dans la grandeur de tous et dans la défense de la justice éternelle. (*Mêmes mouvements dans les mêmes parties de la salle.*) Il y a eu une seconde Assemblée constituante, et cette seconde Assemblée a retrouvé la pensée héroïque et désintéressée de la France, et elle a dit à l'unanimité : Pacte fraternel avec l'Allemagne, pacte fraternel avec l'Italie... De l'histoire qui date de la Révolution française doit venir notre inspiration, et nous devons retenir la volonté, la passion d'identifier les droits et la grandeur de la France avec les droits et la grandeur du genre humain. (*Rumeurs.*)... Pour moi la véritable tradition de la France, conforme à son véritable intérêt, consiste, à faciliter, à seconder les aspirations des peuples vers l'indépendance et l'unité, et non à les contrarier, à les arrêter dans ce mouvement, et si aujourd'hui en Italie et en Prusse il y a un sentiment de colère contre la France... (*murmures et réclamations sur plusieurs bancs*) c'est précisément parce que vous présentez à ces deux pays une France jalouse, mesquine, inquiète... (*nouveaux murmures*) et non une France confiante, généreuse et libérale. » (*Approbations sur quelques bancs à gauche.*)

On le voit, la gauche, toute la gauche approuvait M. Emile Ollivier. Que l'Etat français puisse et doive suivre une politique « héroïque », une politique « désintéressée », c'est en effet une idée de gauche, l'idée qu'exprimait Edgar Quinet dans une image fameuse quand il invoquait « la France, Christ des nations ». Et c'est aussi l'idée dont Napoléon III se fit le serviteur.

Guéroult, Jules Favre, la soutenaient avec les mêmes arguments et la même chaleur. A l'encontre des suggestions du bon sens apportées par Thiers, ils affirmaient que c'était une franche, une complète observation de la politique des nationalités qui sauverait la France. M. Ollivier cite encore avec éloges ces fragments d'un discours de Guéroult :

... L'Allemagne est un grand pays qui pourrait bien prendre au sérieux son unité et qu'il ne faut pas froisser. Mais dans le discours de la Couronne, et plus encore dans les commentaires de M. Thiers, il est bien entendu que l'on fait des réserves, que l'on est en disposition et en volonté de ne laisser l'Unité allemande aller que jusqu'où il nous conviendra. (UN MEMBRE : *On a raison.*) Eh bien, quant à moi, je n'aime pas ces paroles vagues qui n'engagent pas ceux qui les profèrent et qui blessent ceux qui les écoutent. (THIERS : *Cela ne pourrait blesser que les Prussiens !*) Croyez-vous qu'il soit agréable aux Allemands de s'entendre dire que l'Unité peut être une bonne chose, mais que la France verra jusqu'à quel point elle pourra leur permettre de la constituer ? Ou ceci est une menace, et c'est impolitique, ou c'est une fanfaronnade, et ce n'est pas digne de nous. Deux grandes nations se sont constituées à nos portes, deux groupes homogènes par la géographie, par la langue, par les traditions, par le génie. Quelle est pour nous la vraie politique, la seule politique raisonnable ? C'est de nous allier avec ces deux nations, de leur tendre la main, de ne pas voir avec jalousie, avec aigreur, avec méfiance, la grandeur des autres ; c'est de sentir que nous sommes assez grands nous-mêmes pour n'avoir rien à redouter de la puissance d'autrui.

« Guéroult, ajoute M. Emile Ollivier, eut le beau succès d'obliger Thiers à jeter le masque pacifique sous lequel il cachait ses arrière-pensées belliqueuses. » On va voir que la réponse de Thiers était la raison même :

J'ai toujours cru, ajouta Guéroult, qu'il est impossible de ne pas tenir compte, dans les transformations de l'Europe, des volontés des nations intéressées, et je ne crois pas que M. Thiers, eût-il été aux affaires, eût réussi à empêcher l'Unité italienne et l'Unité allemande. (THIERS : *Si, Monsieur.*) — Qu'il me permette de lui dire que cette prétention de se mettre en travers de la volonté de toute une nation est au-dessus des forces de sa politique (THIERS : *Elle n'est pas au-dessus de l'armée française. —Mouvement.*)

Quant à Jules Favre, il n'était pas moins net. Il déclarait le 4 juillet 1868 :

S'opposer aux desseins et aux destinées de l'Allemagne, ce serait une folie coupable, ce serait mettre contre nous toute la race germanique ; nous ne pouvons songer à une pareille politique. J'ai protesté énergiquement contre les procédés de M. de Bismarck, mais ce qu'il y a de certain, c'est que l'œuvre se constitue et se consolide (EMILE OLLIVIER : *C'est cela !*) et qu'y toucher serait une ingérence tant qu'elle n'est pas menaçante pour notre nationalité et notre honneur. Au lieu de semer des divisions en Allemagne, nous devons partout y prêcher la pacification, non seulement en ce qui touche la Confédération du Nord, mais en ce qui touche la Confédération du Sud, *car nous n'avons aucun intérêt à ce que les rivalités se continuent entre les deux parties de l'Allemagne.* En conséquence, s'insurger contre les faits accomplis, y rencontrer des souvenirs de ressentiment, des prétextes de défiance et de haine, c'est une erreur capitale qui fait peser sur la nation un malaise funeste qu'il faut à tout prix dissiper. (*Très bien, à gauche.*)

Telles étaient les « profondes observations », comme les appelle M Emile Ollivier, de Jules Favre et de Guéroult. Ainsi, à l'exception de Thiers, chez qui l'intelligence politique et le sens positif triomphaient des principes libéraux, toute la gauche continuait à plaider pour l'unité allemande comme elle avait plaidé pour l'unité italienne. Non seulement elle ne reprochait pas

au gouvernement impérial sa criminelle neutra-
lité dans la guerre de 1866, mais elle pesait sur
Napoléon, elle en appelait à sa fidélité au prin-
cipe des nationalités pour que la France recom-
mençât au delà du Rhin ce qu'elle avait déjà
imprudemment fait et laissé faire au delà des
Alpes. Et quand Napoléon III, à l'instigation de
l'impératrice, avertie par l'intérêt dynastique et
inquiète pour le trône de son fils, essayait de
réagir, tentait des retours timides et maladroits
à la politique traditionnelle de notre pays,
c'est alors que l'opposition criait à l'imprudence
et à l'erreur. La seule excuse, la seule apparence
d'excuse qu'on puisse invoquer en faveur de
Napoléon III, ce sont les hommes de gauche
qui la fournissent. Leurs récriminations, leur
grandiloquence, leurs appels aux principes,
enfin leur esprit de chimère, tout cela était
fraternel à Napoléon III, tout cela trouvait un
écho dans son cœur. Il ne suivait les conseils
des sages, des politiques, que la mort dans
l'âme. C'est pourquoi il les suivit trop tard, avec
mollesse et inutilement. Les rares choses raison-
nables qu'il ait faites lui laissèrent des remords,
car elles contrariaient les leçons du testament
de Sainte-Hélène, elles séparaient l'empereur de
la Révolution, elles le privaient de l'estime des

libéraux, des démocrates et des agitateurs du monde entier. Et c'est à cette estime-là qu'il tenait par-dessus tout. On peut dire que l'homme qui se réjouit le plus de l'avènement de l'Empire libéral, avant même M. Ollivier, ce fut Napoléon III. Le césarisme libéral et révolutionnaire était au plus profond de ses vœux.

Napoléon III est certainement mort dans la persuasion où M. Ollivier reste toujours, que les désastres de 1870 sont venus de ce qu'il n'avait pas assez écouté Havin, Guéroult et Jules Favre. Nous avons essuyé des revers sans exemple, des milliers de Français sont tombés sur les champs de bataille, l'ennemi a ravagé notre territoire, nous avons perdu deux provinces et payé une indemnité sans précédent, un adversaire tout-puissant nous menace aujourd'hui : et tout cela est venu en châtiment d'erreurs éclatantes, dont on suit la trace dans l'histoire, dont les hommes clairvoyants annonçaient l'issue fatale. Aucune de ces leçons n'a prévalu contre cette illusion enracinée, contre cette sorte de foi religieuse et irrationnelle qu'inspirent les idées de la Révolution. Des hommes ont cru, d'autres croient encore, contre l'évidence, que tous nos désastres eussent été

évités par une observation franche, loyale, inté-
grale du principe des nationalités. On croit et
on enseigne qu'en donnant Rome à la maison de
Savoie, en plus de Venise et des Deux-Siciles,
qu'en invitant la Prusse à faire l'unité complète
après l'avoir laissé battre l'Autriche et les Etats
du Sud par une neutralité inexpiable, et dont
les suites ont fait verser dix fois plus de sang
français qu'une opportune intervention, on croit
et on enseigne que par ces désintéressements
sublimes nous échappions à la défaite et à la
spoliation. Cela se trouve entre les lignes des
papiers de Napoléon, en toutes lettres dans les
historiens républicains (1), et M. Ollivier récon-
cilie sur ce point l'Empire et la République lors-
qu'il écrit : « Si Moustier se fût levé, et nous eût
« répondu ces simples mots : — Nous entendons
« respecter dans l'avenir comme nous l'avons
« respectée dans le passé la liberté de l'Allemagne
« — c'eût été l'effet d'un coup de soleil sur la
« glace : tout eût fondu ; les équivoques se dissi-
« paient ; la confiance renaissait ; il y avait
« partout un immense soupir de soulagement, et
« Bismarck eût-il persisté dans des desseins
« belliqueux, il eût suscité en Allemagne un

(1) Voir les *Appendices* II et III.

« mouvement d'opposition bien plus irrésistible
« que celui dont il avait eu tant de peine à
« triompher en 1866. »

Autant de métaphores, autant d'atteintes à
l'évidence même. Pourtant M. Ollivier termine
son volume par ce conseil de sagesse : *Et nunc
erudimini*. Mais l'idéalisme révolutionnaire est
incorrigible. Rien, pas même l'infortune, ne
l'enseigne jamais. A ce titre, la persistance des
illusions de M. Emile Ollivier vaudra de rester
comme un exemple historique.

III

LES ILLUSIONS DE NAPOLÉON III APRÈS SEDAN.

Un de ces documents confirmatifs, comme les derniers temps en ont tant produits, est venu entre les mains du directeur de la revue allemande *Nord und Sud*, qui l'a publié dans l'été de 1906. Ce sont des lettres adressées par Napoléon III, durant les quelques années qui séparèrent sa déchéance de sa mort, à une femme d'une grande intelligence et d'un dévouement éprouvé pour sa personne, la comtesse de Mercy-Argenteau. Les détails de fait apportés par cette correspondance, à d'autres égards singulière, ne sont pas nouveaux. On savait que l'empereur déchu n'avait pas perdu l'espoir de remonter sur le trône et que, malgré le désastre et la maladie, il avait retrouvé en exil cette humeur aventureuse et ce goût des entreprises risquées qui avaient poussé le prétendant sur le chemin de Strasbourg et de Boulogne. On a déjà donné plusieurs fois dans la presse des récits de ces plans qui se formaient à Chislehurst pour restaurer l'Empire. Cette correspondance nouvelle fait savoir que la comtesse de Mercy-Argenteau, Française de naissance (elle était la petite-fille de Mme Tallien) mais Autrichienne par son mariage, — son mari, il est vrai, se fit naturaliser plus tard, — avait mis ses relations et son activité au service de la cause bonapartiste et fut plusieurs fois chargée de missions importantes. C'est elle qui remit à l'empereur Guillaume une lettre que Napoléon III lui avait confiée en la priant « de porter, comme la colombe, un message de paix ».

Les tentatives faites par Napoléon III auprès de Guillaume Ier et de Bismarck n'aboutirent d'ailleurs pas. Ce qu'il est intéressant de retenir, c'est l'état d'esprit dont elles témoignent chez le souverain détrôné. Il s'était expliqué à son ambassadrice de ses idées sur les événements et du caractère de la mission dont il la chargeait. Une longue lettre, entre autres, datée du 4 février 1871, est significative. Elle montre à quel point le sens pratique, le jugement politique, manquaient à Napoléon III, avec quelle force, malgré la leçon des événements, subsistait en lui l'esprit de chimère.

4**

Après avoir tout perdu, et la France avec lui, dans une défaite qui était le résultat d'une longue série d'erreurs et de fautes, ce « rêveur couronné », ainsi qu'on l'a si bien nommé, ne renonçait pourtant pas à ses rêveries. Le cosmopolitisme et l'humanitarisme, qui avaient inspiré toute sa politique des nationalités, l'aveuglaient encore après des coups si rudes. Il est peut-être le seul des Français dont l'idéal de fraternité européenne ait, à ce moment-là, résisté au démenti que lui infligea la politique prussienne. Plus entêté dans l'illusion que Jules Simon et Victor Hugo eux-mêmes, il se refusait à voir et à comprendre les intentions et la méthode de Bismarck.

Rothan, ce diplomate clairvoyant et ce juste historien, définit bien les mobiles de la funeste politique de Napoléon III quand il écrit : « Na« poléon III poursuivait le rêve d'une fédération
« des peuples, croyant que l'Europe, satisfaite et
« subjuguée par sa modération et sa sagesse, ne
« contesterait plus sa suprématie. Il se berçait
« de l'illusion qu'en face de la solidarité crois« sante des intérêts économiques, les contesta« tions internationales se régleraient par voie
« d'arbitrages et que, par de sages compromis
« conciliant les droits des souverains avec les

« légitimes aspirations des peuples, on arri-
« verait à la pacification générale. »

Tel était, en effet, le rêve de Napoléon III. Et,
pas plus que le coup de tonnerre de Sadowa, la
foudre de Sedan ne l'en avait pu tirer. Battu,
détrôné, prisonnier de ses ennemis, il continuait
de nourrir dans son cœur la religion du droit
des peuples. Il se persuadait que le rôle magni-
fique de protecteur de toutes les nationalités
était destiné à passer, de ses mains à celles du
nouvel empereur, celui d'Allemagne. Et cette
perspective le consolait presque de ses malheurs.
L'idée qu'un monarque fût fait pour travailler
dans l'intérêt de son peuple était si loin de sa
pensée qu'il se figurait naturellement que Guil-
laume Ier allait profiter de sa victoire pour
inaugurer une politique généreuse et libérale,
et non une politique d'intérêt. Voici d'ailleurs
ce qu'il écrivait de Wilhelmshœhe à la comtesse
de Mercy-Argenteau :

« L'état de la France est déplorable, et je ne
« vois pas d'où peut venir le salut si l'empereur
« d'Allemagne ne fait pas preuve de cet esprit
« chevaleresque que tout le monde lui reconnaît.
« Aujourd'hui que nous sommes complètement
« vaincus, *les intérêts de l'Allemagne se con-*
« *fondent avec les nôtres.* Rétablir l'ordre, compri-

« mer l'esprit révolutionnaire, faire renaître la
« prospérité qui seule peut permettre de payer
« les frais de la guerre et assurer la paix, tels
« sont les résultats qu'on doit désirer dans les
« deux pays.

« Si j'étais à la place de l'empereur et que
« l'Assemblée eût accepté la paix, j'exigerais que
« le peuple fût consulté pour établir un gouver-
« nement assez fort pour remplir les engagements
« contractés. Si, au contraire, l'Assemblée re-
« poussait la paix, j'entrerais à Paris à la tête
« de mon armée ; j'en chasserais les démagogues
« qui ont usurpé le pouvoir ; je déclarerais ne
« traiter qu'avec le gouvernement légitime ; je
« proposerais à ce gouvernement une paix moins
« onéreuse que celle offerte à l'Assemblée et une
« alliance basée sur une appréciation équitable
« des intérêts des deux pays. Resterait à savoir
« quelles seraient les conditions de cette paix
« et de cette alliance. Elles ne sont pas faciles
« à deviner, mais si les deux parties étaient
« d'accord sur le but, on s'entendrait sans doute
« sur une solution favorable, car il y a des
« compensations à donner quand on est, comme
« le roi de Prusse, l'arbitre de l'Europe.

« Toutes ces idées ont été, à peu près, je
« crois, développées au comte de Bismarck, et

« son esprit élevé a dû les comprendre, mais
« les événements déjouent les projets et forcent
« même les grands hommes d'Etat *à se courber*
« *sous le joug mesquin de la nécessité*. Rien ne
« manque à la gloire de l'empereur et roi, si
« ce n'est de faire une grande paix, et j'entends
« par ces mots une paix qui, au lieu de laisser
« comme trace de son passage la ruine, le
« désespoir et l'anarchie, fasse reconnaître la
« grandeur de son caractère et la profondeur de
« ses vues politiques. »

Il va sans dire que ces considérations senti-
mentales n'eurent aucune prise sur Guillaume Ier
et sur Bismarck et que la mission de Mme de
Mercy-Argenteau échoua complètement. Loin
d'être aux yeux de Bismarck « un joug mes-
quin », la nécessité servait de régulateur à
sa politique. Mais Napoléon III était incapable
d'entrer dans les conceptions bismarckiennes. Il
continuait, après Sedan, d'être dupe autant qu'à
Biarritz. Comme le prouve une autre lettre,
adressée toujours à la même correspondante et
datée du 2 mars 1871, il se refusait à croire
que l'intention de l'Allemagne nouvelle, cette
Allemagne dont il avait encouragé, favorisé l'u-
nification, fût de voir « le travail de la France
« arrêté pour bien des années et trente-huit

« millions d'hommes livrés à l'anarchie ». Il ne comprenait pas que l'empereur et roi ne s'appliquât pas au bonheur de la France autant qu'à la prospérité de l'Allemagne ; qu'il voulût fonder la puissance de l'une sur l'abaissement de l'autre, et qu'il ne préférât pas obtenir par une « grande politique », c'est-à-dire par une politique désintéressée, « une gloire plus grande que celle qu'il « acquerrait par la possession de Metz et de « Strasbourg ».

Il existe, à ces lettres qui achèvent si curieusement la physionomie de Napoléon III, un complément qui n'est pas moins éloquent qu'elles-mêmes. C'est une rarissime brochure, publiée à Bruxelles à la fin de 1870 sous ce titre : *Des relations de la France avec l'Allemagne sous Napoléon III.* Elle est signée par le marquis de Gricourt, sénateur de l'Empire, après avoir été un des premiers amis de Louis-Napoléon Bonaparte, un des complices de l'échauffourée de Strasbourg. Le fidèle Gricourt ne servit ici que de prête-nom, car il est établi que la brochure fut écrite par l'empereur lui-même. C'est une apologie et une défense de sa politique, et l'on y voit cette même persistance de l'illusion, ce même acharnement dans la chimère que nous venons de trouver dans les lettres à la comtesse de Mercy-Argenteau. Même naïveté, même inintelligence des faits, même surprise devant les événements, et même dépit de l'utopiste incorrigible devant la méchanceté des hommes, découverte pour la première fois.

Il y a, dans cette brochure, des aveux d'une simplicité prodigieuse, qui en font un acte d'accusation plutôt qu'un plaidoyer. C'est ainsi que Napoléon III explique sa neutralité dans cette guerre de Danemark par laquelle la Prusse annonça ses conquêtes et sa grandeur, et qui commença notre décadence en nous aliénant définitivement l'Angleterre, aux côtés de laquelle l'empereur avait refusé d'intervenir : « L'empereur, dit la brochure, après avoir « proclamé très haut le principe des nationa- « lités, pouvait-il tenir sur les bords de « l'Elbe une autre conduite que celle qu'il avait « suivie sur les bords de l'Adige ? Il était d'ail- « leurs bien loin de supposer que la guerre, « dont le but avoué était de soustraire des « Allemands à la domination danoise, devait « avoir pour résultat de mettre des Danois « sous la domination allemande. » Et de même, à sa non moins grande surprise, la fondation de l'unité allemande eut pour premier effet de courber des Français sous le joug prussien.

La faute de 1864, Napoléon III l'avait aggravée en 1866 en la recommençant. Il se vante, dans la brochure Gricourt, d'être resté neutre, cette fois encore, avec préméditation. Il cite cette lettre, lettre officielle et insérée au *Moniteur*, qu'il adressa à Drouin de Lhuys le 11 juin 1866, lorsque le conflit austro-allemand apparut inévitable, et où il indique clairement que pour lui la France passait après l'Italie : « En « face de ces éventualités, quelle est l'attitude « qui convient à la France? Devons-nous mani- « fester notre déplaisir parce que l'Allemagne « trouve les traités de 1815 impuissants à satis- « faire ses tendances nationales? .. Dans la lutte « qui est sur le point d'éclater, nous n'avons « que deux intérêts : la conservation de l'équi- « libre européen et le maintien de l'œuvre que « nous avons contribué à édifier en Italie » Il rappelle qu'après la défaite de l'Autriche et des États allemands du Sud, une partie de l'opinion française se retourna contre lui. « Afin de « répondre à ces attaques », ajoute-t-il, « l'empe- « reur entreprit de prouver que ce n'était pas « par faiblesse, *mais par conviction*, qu'il avait « facilité en Europe la reconstitution des « grandes nations, et il mit ses idées et ses « actes sous l'invocation du grand homme qui,

« du haut de son rocher, avait dicté pour ses
« successeurs de si magnifiques paroles. » Et
en effet, le 14 février 1867, à l'ouverture de la
session législative, il avait cité ces paroles du
testament de Sainte-Hélène comme la maxime
mère de toute sa politique : « Une de nos
grandes pensées a été l'agglomération, la con-
centration des mêmes peuples géographiques
qu'ont dissous, morcelés, la politique et les
révolutions. »

Le vaincu de Sedan ne craignait même pas,
dans cette brochure, de rappeler qu'après Sadowa
encore il s'était réjoui de voir l'unité germanique
en marche. Il rappelait qu'il avait observé dans
la guerre de 1866 une neutralité qui reste
inexplicable si l'on ne se souvient que Napo-
léon III était le champion du droit des peuples.
Enfin il se faisait gloire d'avoir écrit la circulaire
La Valette dont nous avons déjà parlé, et où il
s'applaudissait des événements qui venaient,
en quelques semaines, de transformer l'Alle-
magne, et de faire une redoutable puissance de
ce qui était, la veille encore, division et anar-
chie.

« La politique, ajoutait Napoléon III, doit
« s'élever au-dessus des préjugés étroits et
« mesquins d'un autre âge. L'empereur ne

« croit pas que la grandeur d'un pays dépende
« de l'affaiblissement des peuples qui l'entourent
« et ne voit de véritable équilibre que dans les
« vœux satisfaits des nations de l'Europe (1).
« En cela il obéit à des convictions anciennes
« et aux traditions de sa race. Napoléon Ier
« avait prévu les changements qui s'opèrent
« aujourd'hui sur le continent européen. Il
« avait déposé le germe des nationalités nou-
« velles dans la péninsule en créant le royaume
« d'Italie ; en Allemagne, en faisant disparaître
« deux cent cinquante-trois États indépendants. »

Ainsi le « droit des peuples », dont la
conception hantait déjà le prétendant de Stras-
bourg et de Boulogne, après avoir été la *grande
pensée* de son règne, survivait à toutes les
catastrophes. Le testament de Wilhelmshœhe
répète le testament de Sainte-Hélène. Les deux
Napoléons, dans l'exil et dans la défaite, cher-

---

(1) A cette théorie, en apparence généreuse, Proudhon
objectait avec raison : Qui peut se flatter de jamais satis-
faire ces vœux ? En posant le principe, vous rendez les
nationalités insatiables. Toutes élèveront tour à tour leurs
prétentions. Il n'y aura plus de tranquillité pour l'Europe
ni pour le monde. Et Proudhon prophétisait que le principe
des nationalités, prétendu humanitaire, ferait couler des
torrents de sang en Pologne et dans les Balkans. (Voir sa
brochure *Si les traités de* 1815 *ont cessé d'exister*, réponse
au discours impérial d'Auxerre.)

chaient leur excuse et leur gloire dans leur
fidélité aux principes révolutionnaires. L'oncle
et le neveu, Napoléon le grand et Napoléon le
petit, après avoir laissé la France meurtrie,
envahie, diminuée, vantaient pourtant leur
œuvre qui n'avait consisté qu'à « ennoblir les
peuples, à dessouiller la Révolution et à raffer-
mir les rois », — les rois des puissances rivales.
Programme qui s'est malheureusement réalisé
à la lettre ! C'est ainsi que se révèle, des origines
jusqu'à la chute, des coups d'Etat jusqu'à l'abdi-
cation, l'unité de caractère des plus mauvais chefs
qu'ait jamais eus la France. Le système napo-
léonien souffre toutes les appellations. On peut
le nommer libéral, révolutionnaire, cosmopolite,
humanitaire, idéaliste. L'Europe, — la vraie
Europe, celle de l'équilibre et de l'ordre, —
proteste qu'il n'a jamais été européen. Ses
principes et ses conséquences funestes montrent
assez qu'il n'eut rien de français.

Les alliances de 1870

Une grande question historique, posée par une imprudente parole de M. Emile Ollivier, a été agitée pendant la chaude saison de 1906. Pourquoi n'avons-nous pas eu d'alliances en 1870? Et toute une presse, d'ordinaire moins susceptible en fait de patriotisme, et où l'on n'a pas l'habitude d'entretenir le souvenir de la guerre fatale, répondait en s'appuyant sur l'autorité opportune de M. Emile Ollivier : « Nous n'avons pas eu d'alliances à cause de Rome. L'Autriche et l'Italie nous ont abandonnés à cause du *jamais* de Rouher. Le pouvoir temporel et la religion catholique ont coûté à la France l'Alsace-Lorraine et cinq milliards. »

La *Gazette de Francfort* a donné à ses lecteurs le secret de cette sensibilité patriotique et de ce zèle pour l'histoire, inconnus jusqu'ici dans la presse du gouvernement. « On ne pouvait,

« dit le journal allemand, rendre dans les cir-
« constances présentes un meilleur service à
« l'anticléricalisme qu'en rappelant l'attention
« sur ces événements qui apportent une preuve
« saisissante du tort que l'ultramontanisme a déjà
« causé à la France. » L'anticléricalisme à masque
patriotique devait en effet traiter comme un utile
auxiliaire l'ancien ministre de l'Empire libéral
qui lui rendait ce service. L'anticléricalisme
devait profiter de cette occasion pour feindre
un caractère national qui ne lui appartient pas.

M. Emile Ollivier a jadis défendu par une
interprétation biblique son mot fameux du
« cœur léger ». Est-ce avec la même légèreté que
l'auteur de tant de discours et de livres sur
l'Eglise et sur le Concordat a apporté ce secours
aux auteurs de la séparation ? Toutes les décla-
rations que M. Ollivier a faites à des journalistes
de Rome, de Vienne et de Paris, les commen-
taires et les polémiques qui ont suivi ces décla-
rations, n'arrivent pas à démontrer que la ques-
tion du pouvoir temporel ait été la cause de
notre isolement en 1870. Ces polémiques n'ac-
cusent pas l' « ultramontanisme ». Elles accusent,
au contraire, les hommes d'Etat et les écrivains
libéraux, et la politique étrangère de l'Empire
inspirée et approuvée par eux.

D'après M. Emile Ollivier lui-même, la triplice projetée contre la Prusse, — France, Autriche, Italie, — n'eût pas été assez forte pour empêcher le désastre. On s'étonne dès lors que la question existe encore pour lui. Puis il affirme que cette alliance était défensive : or c'est la France qui a déclaré la guerre. Enfin, et c'est là qu'il faut voir la clef de toute l'affaire, il prétend que, la Prusse eût-elle commencé les hostilités, M. de Beust « eût trouvé le moyen de se dérober » et que Victor-Emmanuel, de son côté, en réclamant « le temps nécessaire » pour mettre ses troupes sur le pied de guerre, s'était assuré d'avance une échappatoire. Nous verrons tout à l'heure, en effet, que la question romaine, importante pour l'Italie, ne fut pour l'Autriche qu'un prétexte. Il est avéré que l'Autriche n'agit ni franchement ni loyalement dans toute cette affaire et il semble que M. de Beust, cet ancien ennemi de Bismarck, y ait préparé les voies au rapprochement des Habsbourg et des Hohenzollern et à la politique d'Andrassy. Mais à qui la faute ? Tous les documents, toutes les confessions le disent : c'est la défection de la France en 1866, c'est la neutralité de Napoléon III pendant la guerre allemande, neutralité inspirée par le principe du droit des peuples au même titre que l'intervention de 1859, qui acheva de nous aliéner ce qui nous restait de sympathies actives en Europe. Les *Mémoires* de M. de Beust ne sont assurément pas un monument de vérité. La fourbe à chaque instant s'y découvre. Le ministre de François-Joseph y semble avoir voulu préparer l'évolution de la politique autrichienne. Il se pose comme l'homme de transition qui, de Nikolsbourg, a conduit son pays à la Triplice. M. de Beust, dans ses *Mémoires*, se défend avec insistance d'avoir jamais été un ennemi de l'Allemagne ni un partisan de la France. Il se plait à s'y peindre en victime de Bismarck et en ami sincère de la Prusse. La Triade, la guerre de 1866, les essais de revanche de Sadowa, les appels à l'intervention française, tout cela est atténué, relégué dans le demi-jour des erreurs de jeunesse et des *tempi passati.* Mais n'est-ce pas la politique et la diplomatie de Napoléon III qui avaient eu les premiers torts envers M. de Beust ? N'était-il pas suffisamment édifié par les événements de 1866 ? Quel autre à sa place, après une pareille expérience, n'eût pris en dégoût l'amitié française ? C'est sur cette amitié que reposait toute sa politique saxonne, ses plans de résistance de l'Allemagne du Sud à l'ambition et à l'hégémonie prussiennes. Sans la France, tout s'écroulait.

Et c'est ce qui arriva par la neutralité de 1866. Abandonné, contre toute attente, par Napoléon III, Beust, à défaut de rancune, sentiment auquel un politique doit être inaccessible, éprouva au moins une de ces déceptions qui abolissent à jamais la confiance.

Jusqu'au dernier moment, Beust avait compté que Napoléon, éclairé par son intérêt propre, interviendrait sur le Rhin. Le lendemain de Sadowa, il arrivait à Paris, espérant, par son action personnelle et ses objurgations, vaincre l'apathie de l'empereur (1). Beust rapporte qu'il représenta vainement à Napoléon III qu'il était encore temps d'éviter une faute irréparable; qu'il suffisait de faire avancer sur le Rhin les cent mille hommes du camp de Châlons et d'envoyer sur les côtes de la Baltique l'escadre de la Manche pour que la face des choses fût changée. Napoléon III répondit à tout : « Nous ne sommes pas prêts. » Du côté de Drouin de Lhuys, qu'on disait par-

---

(1) On sait que la guerre faillit reprendre, pendant les négociations de Nikolsbourg qui suivirent Sadowa. L'Autriche refusait d'admettre l'entrée de la Saxe dans la confédération de l'Allemagne du Nord. Sur la seule menace d'une rupture des négociations, la Prusse transigea. Sa politique avait été d'accorder à ses ennemis une paix honorable et rapide, tant elle redoutait les conséquences d'une intervention française, tant il paraissait invraisemblable que cette intervention ne se fût pas produite.

tisan de l'intervention, Beust n'essuya encore
que des refus. Il quitta Paris avec une désillusion
cruelle. Il ne pouvait pas, quatre ans plus tard,
l'avoir oubliée.

On peut dire de la question des alliances de
1870 qu'elle est inexistante, en ce sens que c'est
en 1866 que tout s'est décidé. C'est alors que tout
fut perdu. C'est alors que l'occasion qui s'était
présentée de venir au secours d'une coalition
toute nouée contre la Prusse fut criminellement
négligée. Lorsque vint l'échéance de 1870, tous
ceux que nous avions abandonnés nous aban-
donnèrent à leur tour. Thiers parcourut vai-
nement l'Europe pour solliciter des interven-
tions, pareil aux Beust, aux Perglas, aux Dalwigk,
qui vainement aussi avaient demandé à l'em-
pereur de les aider contre la Prusse et qui ne
comprenaient pas que le gouvernement fran-
çais se refusât à voir son intérêt. Pour rester
fidèle au principe des nationalités, pour ne pas
compromettre l'unité italienne par des succès
autrichiens, pour ne pas nuire à l'unité alle-
mande par le relèvement des monarchies de
l'Allemagne du Sud, Napoléon III avait alors
repoussé les alliances sans compter. N'est-ce
pas l'un des meilleurs observateurs de ces évé-
nements, Georges Rothan, qui a écrit dans

son livre sur *la Politique française en 1866* :
« Au commencement de 1866, la confédéra-
« tion germanique, de mœurs si paisibles, res-
« semblait à un champ clos où tous les intérêts
« étaient aux prises et toutes les passions en
« ébullition. Les séances de la Diète se succé-
« daient, orageuses et irritantes, les notes et les
« protocoles s'entre-croisaient, les ministres des
« petits Etats conféraient. Ce fut, pour l'activité
« et pour l'importance des cours de deuxième
« et de troisième ordre, un moment d'éclat qui
« ne devait pas avoir de lendemain. Ce furent
« aussi de beaux jours pour la diplomatie
« française. De quelles sollicitations n'était-elle
« pas l'objet ! Quelles confidences n'a-t-elle pas
« recueillies ! Si ses portefeuilles devaient s'ou-
« vrir, on verrait quelles conversions le succès
« opère dans le langage et l'attitude des hommes.»

Trop tard! Il était trop tard en 1870 pour
avoir des alliances. Il était trop tard pour que
Napoléon III pût réparer ses fautes. Nous avions
laissé échapper toutes les occasions, découragé
toutes les bonnes volontés, laissé les intérêts
prendre une orientation nouvelle. La dépêche
d'Ems surprit la France isolée dans une Europe
transformée par le principe des nationalités et
où Napoléon III ne trouva plus que des rancunes

et des ambitions satisfaites. Garibaldi fut seul
à protester contre l'ingratitude des peuples pour
qui la France avait travaillé. Le geste était beau,
mais on vit qu'il était. plus aisé de conquérir la
Sicile que de tenir tête à Manteuffel.

Les déclarations de M. Emile Ollivier ont
ainsi pendant plusieurs mois alimenté la polé-
mique anticléricale. Elles ont servi à répandre
cette opinion que le pouvoir temporel des Papes
a causé nos désastres de 1870, et que le catho-
licisme est directement responsable du sang
versé et des provinces perdues. Ce qui revient à
dire que ces malheurs nous fussent également
arrivés par la faute de tout autre gouvernement,
— la monarchie de Henri V par exemple, —
semblablement intransigeant sur la question
romaine, et qu'au contraire une politique libé-
rale et franchement amie de l'unité italienne
nous les eût certainement évités.

A cette contre-vérité, à cette atteinte au sens
commun, il ne faut pourtant pas méconnaître que
la confusion où tomba finalement la politique
extérieure de Napoléon III apporte quelque vrai-
semblance. « A l'approche de l'heure décisive,

dit très bien M. de la Gorce, l'historien du second
Empire, la politique française se complique au
point d'échapper à l'analyse. » Devant le péril
soudain apparu, ce fut la déroute de tous les
principes napoléoniens. On essaya de revenir
à la politique de la tradition, qui était la poli-
tique du bon sens. Mais la réaction, déjà tardive,
fut encore incomplète et maladroite. L'empe-
reur, toujours attaché à ses chimères, entrait à
contre-cœur et sans conviction dans des consi-
dérations nouvelles pour lui. Ses agents, ses
ministres, formés à son école, servant depuis
longtemps son système, exécutaient avec mollesse
des ordres qui bouleversaient les manières de
penser adoptées jusque-là. L'avènement de
l'Empire libéral avait encore aggravé la confu-
sion. Ce singulier régime qui, à ses débuts,
était conservateur en France et libéral à l'étran-
ger, abandonnait sa politique révolutionnaire
au dehors au moment où il faisait dans le
pays des concessions aux éléments libéraux. Il
renversait la bascule et tâchait de satisfaire
l'opinion de gauche par des réformes, tandis
que par sa nouvelle politique étrangère il
contentait l'opinion de droite. Que devenir
entre les engagements pris, les attitudes adop-
tées, les habitudes acquises et les nécessités

nouvelles qui s'imposaient tout à coup? Le
désordre qui régnait dans l'esprit et dans les
conseils du souverain se traduisit par des inco-
hérences, des fausses manœuvres, des mala-
dresses. L'affolement augmentait de se sentir
observé par un ennemi patient et de sang-froid.
C'est alors que les dernières fautes furent com-
mises.

On veut faire croire aujourd'hui qu'au prix
de Rome nous aurions trouvé les alliances qui
nous ont manqué. Cette thèse a pour elle le
prince Napoléon qui est suspect, Beust qui
savait mentir, et Rothan qui a pu se tromper (1).
Elle a été reprise au moment des déclarations
de M. Ollivier par un professeur de la Sorbonne,
M. Emile Bourgeois, l'auteur d'un célèbre
Manuel historique de politique étrangère où tous
nos apprentis diplomates et élèves-consuls pré-
parent leurs examens. M. Emile Bourgeois a
donné au journal *le Temps,* sur les alliances
de 1870, une longue consultation complétée par
un plus récent article de revue. Chose singulière,
dès qu'on va au fond de ces études, on y dé-

(1) Et n'est-ce pas Rothan qui a écrit : « Le prince Napo-
léon ne méconnaissait pas la grande pensée qui avait pré-
sidé à son mariage ; c'était pour la cause italienne un auxi-
liaire convaincu et souvent passionné. »

couvre cette passion religieuse pour le droit des
peuples et le principe des nationalités qui désar-
mait, sous l'Empire, l'opposition des libéraux
et des révolutionnaires conscients. Loin de blâ-
mer la politique napoléonienne, on répète que
nous devions voir sans jalousie, que nous de-
vions même aider jusqu'à leur développement
intégral, l'unité italienne et l'unité allemande,
ces deux sœurs cadettes de l'unité française.
Toute autre vue eût été mesquine et indigne
d'une grande nation. Et c'est d'ailleurs, ajoute-
t-on, du jour où Napoléon III trahit cette poli-
tique libérale et généreuse, du jour où il tenta
de s'opposer aux progrès de la Prusse et à l'am-
bition légitime de la maison de Savoie, que, par
l'effet de la justice immanente, commencèrent
pour lui et pour la France la décadence et les
défaites.

Ainsi ce sont les illusions de Quinet, de
Havin, de John Lemoinne, illusions qui furent
aussi celles de Napoléon III, et que l'on croyait
jugées et condamnées par l'événement, que toute
cette campagne réhabilite et remet en honneur.
On ne nous dit même pas que revendiquer le
Rhin, défendre Rome, interdire à jamais aux
Hohenzollern de poser leur candidature au trône
d'Espagne était une inconséquence après qu'on

avait fait Magenta et Solférino, assisté inerte à
Sadowa, prêté la main à l'avènement de Charles
de Hohenzollern au trône de Roumanie. On
reproche autre chose à Napoléon III : son vrai
crime fut de s'arrêter dans la voie où il avait
persisté, même une fois Sadowa accompli, et,
après avoir bien mérité de la Révolution en pre-
nant les armes en 1859 contre l'Autriche réac-
tionnaire, en la laissant écraser en 1866 avec
les antiques monarchies de l'Allemagne du Sud,
de s'être conduit en hypocrite, en apostat et en
traître du jour où il songea à la France et à
l'intérêt français.

Loin de blâmer la participation de Napo-
léon III à l'unité italienne, les représentants des
idées révolutionnaires l'accusent de ne pas avoir
achevé son œuvre en abandonnant « Rome aux
Romains ». L'erreur, l'erreur fondamentale,
l'erreur sans nom fut pourtant de constituer un
royaume uni, un ennemi possible, un rival cer-
tain, à l'endroit où le morcellement des terri-
toires assurait à la fois notre influence et notre
tranquillité. La campagne de 1859 ne fut même
pas une de ces opérations inutiles et brillantes que
l'on nommait autrefois guerres de magnificence.
Ce fut une opération faite par nous contre nous-
mêmes, un gaspillage de vies et de forces d'autant

plus criminel que le sang français dépensé à Magenta et à Solférino ne servit qu'à préparer de plus grands deuils et de plus grandes tueries. Toutes les catastrophes futures se préparèrent sur ces champs de bataille où nos troupes versèrent le meilleur sang français pour les rêveries carbonaristes et les hallucinations du testament de Sainte-Hélène. Trente-cinq années d'entraînement, d'armement et de bonne administration sous les deux monarchies avaient donné à la France une armée magnifique. Tout cela fut employé contre la patrie. Tout cela se trouva gaspillé au profit de l'étranger lorsque vint l'heure où tant de ressources auraient dû servir. Dans cette malheureuse guerre d'Italie, nos soldats furent vainqueurs contre les intérêts de la France elle-même.

Deux hommes, en Europe, avaient prédit ce que l'Italie coûterait à la France. L'un était le vieux prince de Metternich, qui assistait avec tristesse au naufrage de son grand œuvre, l'ordre européen. « Napoléon III réussit », disait donc Metternich en 1858. « Il a encore de belles cartes dans son jeu. Mais il périra comme empereur révolutionnaire sur l'écueil italien. » Cependant Bismarck, voyant avec plaisir l'Empire commettre des fautes qui devaient profiter à la Prusse,

disait en parodiant le mot de Voltaire : « Si
l'Italie n'existait pas, il faudrait l'inventer. »

La question des alliances de 1870 ne se fût
même pas posée si la France eût toujours et avec
esprit de suite protégé le Saint-Siège, c'est-à-
dire fait respecter le statut territorial de l'Italie et
conservé, comme le conseillait Proudhon, au
lieu de l'attaquer, l'ordre de choses si prudent,
si tutélaire, créé en Italie par les traités de 1815.
Les idées révolutionnaires et napoléoniennes
portèrent le premier coup dans ce bel édifice.
L'évidence de l'intérêt français, apparue à de
rares grands esprits, ne se révéla que trop tard
aux utopistes. Il n'était plus temps de bien
faire. Et, même en faisant bien, l'Empire parut
encore se tromper et ajouter des fautes nouvelles
à ses fautes primitives. Mais que, dans ces condi-
tions, l'occupation de Rome ait été le motif déter-
minant de notre isolement, et par conséquent de
notre défaite en 1870, cela n'est même pas exact.
En ce qui concerne l'Italie, eussions-nous
donné Rome à Victor-Emmanuel pour obtenir
son concours, quelle sorte d'avantage pouvait-
elle tirer d'une guerre avec l'Allemagne ? Et

qui ne pressent qu'une fois en possession de la Ville, elle se fût dégagée de sa promesse d'alliance aussi aisément qu'elle le fit, en somme, aux premières nouvelles de nos défaites d'août, puisqu'on était déjà convenu d'un accord ? Qui peut se flatter de contraindre à se battre un peuple qui n'a ni goût ni intérêt à faire la guerre? Et les partisans de la politique impériale ne seraient-ils pas fondés à prétendre qu'il était d'une suprême habileté de laisser irrésolue la question romaine, afin de déterminer Victor-Emmanuel à se joindre à nous dans l'espoir d'être récompensé plus tard, grâce à l'arbitrage de la France, par une transaction sans violence avec la Papauté ? Quand on nous aura dit la raison que l'Italie aurait eue, possédant la Ville, de faire la guerre à la Prusse, on pourra admettre que Rome ait perdu la France. Mais l'Italie de 1870 n'avait besoin que de sa capitale. Dès qu'elle l'eut, elle prouva que la reconnaissance est un facteur politique sur lequel il est prudent de ne pas compter. Répéterons-nous qu'il eût été plus simple de ne pas commencer par faire l'Italie ? Mais, aujourd'hui encore, les publicistes et les politiques de gauche tiennent pour incontestable et démontré que l'unité italienne était un événement favorable à la France, et que nous devions la soutenir jusqu'au bout.

Il tombe cependant sous le sens qu'ayant fait l'Italie contre l'Autriche, nous la faisions, par la force des choses, contre nous-mêmes. L'Autriche était notre alliée naturelle et désignée contre les progrès de la Prusse. Tout ce qui l'affaiblissait retombait sur la France. L'Autriche, qui a toujours su, par politique, accepter des situations pénibles, eût encore volontiers passé l'éponge sur les souvenirs de Magenta et de Solférino, sur l'amertume de l'abandon de 1866. Mais nous venions de créer contre elle une puissance qui avait toutes les ambitions de la jeunesse. L'Autriche se sentait déjà menacée, comme le constate le mémoire de M. Emile Bourgeois lui-même, dans le Tyrol, en Dalmatie, à Trieste. Son rôle en Italie était terminé depuis notre intervention. Elle n'était plus de force à se montrer énergique dans la question romaine, à soutenir le pouvoir temporel, seule pièce subsistante du système aboli des souverainetés italiennes. Elle courait au plus pressé et abandonnait le Saint-Siège, ayant d'abord ses frontières à défendre (1). A qui la

(1) Nous lisons, chez M. Emile Bourgeois encore, dans son *Manuel historique de politique étrangère*, tome III, p. 769 : « Pour sauver le Tyrol menacé par l'irrédentisme, François-Joseph avait accepté l'occupation de Rome. »

faute, sinon aux amis français de l'Italie une, acharnés à affaiblir une puissance catholique qui n'avait plus d'intérêts opposés à ceux de la France depuis qu'elle avait cessé d'être le premier Etat de l'Europe et de prétendre à l'hégémonie et à la domination ?

On croit répondre à tout en montrant les documents qui attestent que l'Autriche mettait pour condition à son alliance, en 1870, l'évacuation de Rome par les troupes françaises. On ne songe pas à nier cela, puisque les archives diplomatiques l'affirment. Encore s'agit-il de l'expliquer. Que l'on nous dise donc, ce que personne n'a fait jusqu'ici, l'intérêt que pouvait avoir le gouvernement autrichien à épouser la cause des anti-cléricaux et des révolutionnaires italiens. Pour quelle raison l'Autriche aurait-elle consenti à s'unir à la France à condition seulement que son ennemie de la veille, la Maison de Savoie, déjà agrandie à ses dépens, reçût encore ce cadeau sans égal : la Ville éternelle ? Il n'est pas possible d'attribuer à l'Autriche catholique un motif suffisant de se conduire en ennemie du Saint-Siège. Reste une hypothèse qui s'accorde avec tous les faits connus : c'est que l'Autriche, insuffisamment préparée à la guerre contre la Prusse, sachant la France aussi peu préparée qu'elle-même, choisit, pour échapper à la nécessité de faire une campagne dont elle prévoyait les résultats funestes, le prétexte le plus sûr. La France avait déclaré Rome intangible. Le gouvernement impérial avait dit « Jamais ». L'Autriche ne courait donc aucun risque en mettant comme condition à son alliance l'abandon par la France de ses engagements les plus solennels. Tous les documents, tous les témoignages connus, sont en faveur de cette hypothèse. On sait aujourd'hui que, durant les mois qui précédèrent la guerre, l'Autriche refusait constamment de donner satisfaction à Napoléon III qui réclamait d'elle des armements immédiats. Assagie par l'expérience de 1866, elle ne voulait engager la lutte qu'après avoir mis toutes les chances de succès de son côté. Or elle connaissait son infériorité par rapport aux institutions militaires de la Prusse. Elle connaissait aussi la nôtre. *Le Temps* a justement publié sur ce sujet un curieux témoignage du colonel Fix. Le colonel Fix, ancien aide de camp du général Jarras, se souvient qu'au moment où les diplomates nouaient ces négociations dont on nous fait aujourd'hui l'histoire, l'archiduc Albert vint en France afin de se rendre compte par ses yeux de la valeur de l'alliance proposée à l'empereur François-Joseph. Le colonel Fix se rappelle fort bien que l'impression du vainqueur de Custozza fut franchement mauvaise. On ne répondait que par des paroles vagues, et des affirmations de bonne volonté qui le satisfaisaient mal, aux interrogations de l'archiduc. Celui-ci trouvait une armée désorganisée et des approvisionnements affaiblis par l'expédition du Mexique. Il cherchait en vain cet organe du commandement et de la préparation à la guerre qui ne se trouve réalisé que par « un état-major « général à compétence étendue et à influence « prépondérante agissant sous l'impulsion d'un « seul chef ». Le colonel Fix vit l'archiduc visitant le dépôt de la guerre. « C'était, dit-il, un « homme à lunettes, de tournure simple et « modeste, qu'on n'eût vraiment pas pris pour « le vainqueur de Custozza. » L'archiduc, ajoute le colonel Fix, écoutait tout ce qu'on lui disait « d'un air poli, mais avec la figure d'un homme « qui espérait voir quelque chose de plus inté- « ressant et se trouve déçu. Plusieurs d'entre « nous étaient présents. *Nous nous sentîmes* « *navrés, surtout moi.* » Le colonel Fix eut donc sur le vif l'impression que l'Autriche nous refuserait son concours parce que nous n'étions pas nous-mêmes en mesure de lui apporter une aide d'une efficacité suffisante. C'est pourquoi il

ajoute à son témoignage ce très exact commen-
taire : « Lorsque le grand homme de guerre
« rapporta à son gouvernement qu'il avait vu
« une armée réduite en nombre, insuffisam-
« ment préparée et dirigée, celui-ci préféra à
« l'essai dangereux d'une revanche désirée, le
« parti plus sûr d'une neutralité dont la sympa-
« thie apparente a toujours mérité d'être suspecte.
« Et ce fut là *la cause déterminante* et probable-
« ment unique de notre isolement. »

D'ailleurs, des communications nouvelles
vinrent encore, pendant ces polémiques, détruire
le roman d'une Autriche anticléricale. Le comte
Fleury, fils de l'ancien ambassadeur de France
à Saint-Pétersbourg en 1870, complétait des
faits déjà rendus publics par son père. Le général
Fleury avait pu constater de ses yeux que la
Russie considérait qu'une guerre malheureuse
pour la France lui apporterait sans coup férir la
revanche de la guerre de Crimée. En effet, elle
devait, au cours de nos défaites, dénoncer le
traité de Paris. C'est pourquoi le tsar Alexandre
et Gortschakoff avaient été tout à fait favorables à
la Prusse dans les mois qui précédèrent la guerre.
Ils étaient décidés, au cas où l'Autriche inter-
viendrait, à intervenir eux-mêmes. L'intimida-
tion russe, d'autant plus puissante que les liens

entre Pétersbourg et Vienne étaient plus étroits, ne fut pas non plus sans peser sur la détermination de François-Joseph et de M. de Beust. Nous expiions ainsi une des erreurs de Napoléon III, une des fautes originelles de ce règne, d'un bout à l'autre absurde et funeste.

En même temps que ces témoignages français, arrivait au public celui d'un survivant des temps héroïques de l'indépendance italienne. Le général Türr, qui fut si souvent l'intermédiaire entre Victor-Emmanuel et Napoléon III, a rétracté, dans la *Tribuna* de Rome, l'opinion qu'il avait émise, il y a une trentaine d'années, sur la cause de l'isolement de la France en 1870. Alors il soutenait que Rome donnait l'explication de notre abandon et de notre défaite. Depuis, le général Türr paraît s'être rendu compte que c'est là non pas une thèse d'homme d'Etat ou d'historien, mais une thèse de polémiste. L'agence Havas résumait en ces termes les déclarations du général Türr : « Aujourd'hui, la général Türr dit que
« les intrigues de la Prusse et de l'Angleterre
« rendirent impossible l'alliance franco-austro-
« italienne. L'Angleterre fomenta l'affaire d'As-
« promonte, la Prusse suscita l'affaire de Men-
« tana pour créer un courant antifrançais en
« Italie. Il est regrettable que l'Italie n'ait pas

« aidé la France contre la Prusse en 1870 ; cela
« lui aurait évité la Triplice, dont elle ne tira
« aucun avantage qui en compensât les charges. »
N'y a-t-il pas dans ce regret comme une sorte de
désaveu de la politique anticléricale qui carac-
térisa la première manière de la nouvelle
monarchie et un prolongement de cette politique,
encore timide, sinon de réconciliation au moins
de cessation d'hostilités, qui règne depuis quel-
ques années entre le Quirinal et le Vatican ?

Enfin, une nouvelle communication de
M. Emile Bourgeois lui-même apportait une
preuve inédite et nouvelle en faveur de nos ex-
plications, qui sont celles du bon sens. Dans
cette note, où M. Emile Bourgeois s'inscrit en
faux contre certaines affirmations de M. de Gra-
mont, il publie pour la première fois ce docu-
ment important : une dépêche adressée à M. de
Rémusat le 5 janvier 1873 par M. de Banneville,
ambassadeur de France à Vienne (1). On y lit
entre autres choses :

Personne n'ignore ici qu'en 1869 et au début de
1870 le ressentiment des événements de 1866 était
très vivace dans le cœur de l'empereur François-
Joseph et que, plus que lui encore, les princes de sa
famille et beaucoup de patriotes autrichiens ne se

____

(1) *Revue du mois*, 10 novembre 1906.

résignaient pas à considérer comme définitives les conséquences de ces événements. La politique de M. de Bismarck, la persistance, le redoublement, l'activité des armements et les perfectionnements incessants de l'organisation militaire en Prusse en dehors des Chambres et du pays, trahissaient d'ailleurs des desseins bien arrêtés et la préméditation d'une nouvelle guerre. Il était naturel que la perspective d'événements nouveaux qui pouvaient modifier l'état de choses créé en Europe par ceux de 1866 fût envisagée à Vienne, non seulement sans préoccupation, mais avec une certaine complaisance et avec la pensée d'une revanche possible.

L'archiduc Albert fut en France, en 1870, le représentant le plus autorisé de cette pensée. On se flattait, l'occasion venue, si l'on ne triomphait de la résistance des ministres hongrois, d'en être quitte pour un changement de ministère et d'entraîner facilement la Hongrie où il existait des sympathies pour la France.

La guerre jugée inévitable, mais à une époque indéterminée et que l'on pouvait différer, *fut précipitée contrairement aux prévisions, aux calculs* et aux conseils de l'Autriche (1) qu'elle surprenait en état de préparation incomplète. *Encore fallut-il nos premiers revers* pour arrêter court ces velléités que notre précipitation et notre imprévoyance n'avaient pas entièrement découragées.

(1) Mais il y avait Bismarck qui voulait *sa* guerre, à *son* heure, qui n'entendait pas que ses adversaires fussent prêts et qui était résolu à les devancer. La **dépêche d'Ems** déjouait calculs, prévisions et conseils.

« Si au moins, me disait il y a deux jours M. de Beust, vous étiez entrés résolument et immédiatement en Allemagne, malgré l'insuffisance de vos forces et de vos préparatifs, tout pouvait changer pour nous comme pour les autres. »

Après les grandes défaites et les revers irrémédiables, après Sedan et Metz, à la fin de l'année il existait encore à Vienne un groupe d'hommes considérables parmi lesquels le ministre de la guerre d'alors et d'aujourd'hui, le général Kuhn, persistant à conseiller la marche militaire sur Berlin. « Une armée de 150.000 hommes, disait-il, y aurait suffi et au delà. » On aurait trouvé en Allemagne l'appoint de 300.000 prisonniers de guerre français, et quant à la Russie, on la tenait pour hors d'état de réaliser ses menaces.

Après ce document, ajouté à tant d'autres, n'est-on pas fondé à penser que l'Autriche n'a soulevé la question romaine que comme un moyen dilatoire ? Il était dangereux pour elle de faire une nouvelle guerre à la Prusse, en état de préparation incomplète, avec un allié également mal préparé, la France, et un autre allié à la fois peu sûr et sur lequel, au point de vue militaire, elle avait des raisons d'être édifiée. Si M. de Beust a deviné la suite des événements, on peut dire qu'il a été singulièrement bien inspiré en choisissant la question romaine comme prétexte de la neutralité autrichienne. Peut-être a-t-il jeté ce jour-là les bases de la Triple-Alliance : il contentait à la fois Bismarck en n'intervenant pas et Victor-Emmanuel en lui offrant Rome. Admettons que Napoléon III (ou un autre gouvernement à sa place) eût accepté l'évacuation de Rome contre le concours de l'Autriche. N'est-il pas évident que, par prudence, l'Autriche eût encore trouvé un autre prétexte pour se dérober ?

Il n'est pas à nier que la question romaine ait exercé son influence sur les événements de ces années fatales. Comment le nierait-on ? Mais a-t-elle eu un autre rôle que l'affaire du Luxembourg ou l'affaire des Duchés ? Elle ne fut, à la vérité, comme ces deux « affaires », qu'un prétexte, à défaut duquel il était aisé d'en trouver un autre. Les véritables responsabilités de 1870 ne sont pas là. Elles sont dans la politique napoléonienne, dans la politique du principe des nationalités approuvée par tous les hommes de gauche, approuvée aujourd'hui encore par les historiens républicains. Loin que le Saint-Siège ait causé nos revers, tout démontre que s'il avait été mieux défendu, avec plus de système et d'esprit de suite, nos destinées, comme celles de l'Europe, eussent radicalement changé. Une grande politique conservatrice, une politique de droite suivie avec un ferme dessein empêchait les transformations allemandes et italiennes, réparait les désastres du premier Napoléon, achevait l'œuvre de nos rois et l'effort de plusieurs siècles en donnant à la France ses frontières naturelles : Charles X est tombé au moment où il allait étendre le royaume sur la rive gauche du Rhin.

On n'arrivera pas à démontrer que les idées contre-révolutionnaires aient jamais nui à la France. Dans cette question des alliances de 1870 encore, à défaut des documents qui ne manquent même pas, le sens commun atteste que l'intérêt français, loin de lui être contraire, était solidaire de celui du Saint-Siège. On peut dire que si Rome était encore cité pontificale, le drapeau français flotterait encore à Strasbourg. Tant il est vrai que tout ce qui se fait contre le catholicisme se fait contre la France, — et réciproquement.

LES DIFFICULTÉS

DE

l'unité allemande

———

Si, au mois de janvier 1870, on avait annoncé à un homme d'Etat autrichien ou français qu'un an plus tard l'unité allemande serait chose faite, aurait-on seulement été pris au sérieux ? L'Allemagne était une poussière d'Etats et ces Etats venaient de se battre. Chacun avait ses habitudes, ses mœurs, ses besoins. Chacun avait des princes jaloux de leur indépendance et qui ne montraient qu'un goût modéré pour la médiatisation. Les populations détestaient généralement la Prusse, qui signifiait pour eux bureaucratie et caserne. En outre, les puissances voisines avaient un égal et même intérêt à perpétuer l'émiettement. Tout conspirait donc à laisser croupir l'Allemagne dans ce qu'un historien a nommé le « marais germanique ». Et cependant, en peu de mois, l'unité s'est faite, et sous sa forme défi-

nitive, celle qui dure encore à présent et qui
paraît solide.

C'est un scandale pour la pensée. On ne peut
s'empêcher, chaque fois qu'on revient sur ces
événements, de refaire l'histoire. Et l'on recon-
naît alors qu'entre toutes les choses qui ne
devaient pas arriver, entre toutes les choses
qu'on pouvait empêcher d'un mot, presque
d'un signe, la constitution d'un Empire alle-
mand était certainement la plus fragile. Et c'est
ce dont un historien vient d'apporter encore
la preuve en faisant l'exposé des difficultés de
toute sorte que la Prusse rencontra jusqu'à la
dernière heure (1). C'est une curieuse page d'his-
toire et qui mérite d'être connue chez nous.

En 1866, après les défaites de l'Autriche et
des alliés, le baron de Varnbüler, ministre des
affaires étrangères du roi de Wurtemberg, s'écria :
Væ victis ! C'était le mot de la situation. La
Prusse bureaucratique et caporalisée, et pour
cela haïe et redoutée des paisibles Allemands
du Sud, eut désormais le prestige des plus forts
et devint par ses victoires mêmes et la modéra-
tion avec laquelle elle en usa, le fondé de pou-
voirs du patriotisme allemand. On ne peut nier

______

(1) *Die Kœmpfe um Reichsverfassung und Kaiserthum
1870-71*, von Dᵣ WILHELM BUSCH, Tubingen, 1906.

qu'un fort courant portait l'Allemagne vers l'unité, mais ce n'était pas un phénomène nouveau. Et il était si naturel, depuis si longtemps pressenti et redouté, que la politique des Empires voisins, et principalement celle de « l'ennemi hérédi- taire », avait jusque-là consisté à le détourner et à le diviser. C'est d'ailleurs une œuvre admi- rable que celle de Bismarck qui réussit à faire passer ce courant unitaire dans le moulin des Hohenzollern. Certes, après 1866, le sort en était jeté. Il eût fallu un immense effort pour conju- rer ce qui devint l'inévitable après avoir été si longtemps l'improbable. Mais il aurait suffi de si peu pour changer les destinées de la France et de l'Europe, précisément avant cette date de 1866 ! Tout ce qui s'est passé en 1870 encore suffit à le montrer.

Durant les multiples négociations que Bis- marck avait dû ouvrir avec les gouvernements particuliers dès qu'il avait été assuré du succès de ses armes en France, le chancelier se montra constamment soucieux, et incertain de la tour- nure que les choses allaient prendre. « Je suis « dans une extrême inquiétude », avouait-il un jour devant ses familiers. « Nous nous balan- « çons sur la pointe d'un paratonnerre. Si « nous perdons l'équilibre que j'ai eu tant de

« peine à établir, nous sommes précipités. »

Cet équilibre, il faillit le perdre dix fois entre septembre 1870 et janvier 1871. Il faudrait un volume pour écrire l'histoire de ces intrigues et de ces tractations. Il en faudrait un autre, qui ne serait pas sans pittoresque, pour peindre ces cours, petites ou grandes, entre lesquelles se nouait la résistance contre la Prusse et l'unité. Quelles ruses, quelles flatteries, quelles menaces Bismarck ne dut-il pas employer pour amener les princes à faire le sacrifice d'une partie de leur souveraineté !

Plus encore que la Bavière, c'est peut-être le Wurtemberg qui inquiéta le chancelier. Déjà, au mois de juillet, lorsque, suivant les conditions du pacte fédéral, le prince Frédéric-Charles avait fait dans l'Allemagne du Sud sa tournée d'inspection militaire, il avait bien remarqué à Stuttgart, et noté dans son journal intime, l'attitude compassée et gênée du roi et de la reine. C'est peut-être en effet le roi de Wurtemberg qui souffrit le plus de la *capitis deminutio* que lui infligeait l'unité (1). Louis de Bavière lui-même,

______

(1) M. de Gontaut-Biron raconte cette anecdote sur la réception du roi et de la reine de Wurtemberg à Berlin en 1872 : « C'était la première fois depuis la proclamation de l'Empire, qui avait converti en simples vassaux les souve-

si peu empressé qu'il se montrât, avait davan-
tage de résignation. Surtout il manquait trop de
volonté pour entreprendre d'échapper à l'envelop-
pement prussien. Sa tactique — ou plutôt celle
de ses ministres — consista seulement à ne pas
se laisser complètement « avaler » et à sauver
le plus possible des apparences de la souverai-
neté. Mais jamais Louis II n'eût osé ce que fit
seul le roi de Wurtemberg.

Le 11 novembre, les deux délégués wurtem-
bergeois, Suckow et Mittnacht, recevaient à
Versailles une dépêche du roi les rappelant
à Stuttgart et leur faisant défense de poursuivre
aucune négociation avant d'avoir reçu des ins-
tructions formelles et personnelles. « En appre-
« nant cette nouvelle, dit l'historien, Bismarck
« affecta de rester serein, mais son inquiétude
« était grande. Ce coup porté contre lui à l'im-
« proviste, et dans l'instant où tout semblait fini,

rains des Etats secondaires de l'Allemagne, que le roi et
la reine de Wurtemberg venaient à Berlin. La reine
Olga, sœur de l'empereur de Russie, ressentait plus pro-
fondément que son mari l'humiliation de sa nouvelle po-
sition. Droite sur son siège, parlant peu, sérieuse, des
larmes silencieuses coulèrent par deux fois pendant le
concert sur son noble et beau visage que les souffrances
morales et physiques avait creusé avant l'âge. Russell fut
le seul probablement à les voir et c'est lui qui me l'a
conté. » (*Mon ambassade en Allemagne*, p. 35.).

« anéantissait son œuvre. Le marin sombrait
« sur un écueil caché au moment d'entrer au
« port. » Et, les jours qui suivirent, Bismarck,
tant sa contrariété était vive et son bouleversement
profond, changea d'humeur, finit même par
tomber malade et par prendre le lit.

Le roi de Wurtemberg n'avait risqué une rup-
ture qu'en se retranchant derrière le gouverne-
ment bavarois. La Bavière, qui avait figure de
puissance, et qui mieux est de puissance catho-
lique et voisine de l'Autriche, pouvait, devait
même, quelle que fût la timidité de son gouver-
nement, dicter ses conditions à la Prusse. Une
intrigue sérieuse paraît avoir été nouée à ce
moment-là entre Munich et Stuttgart. Car les
exigences de la Bavière furent soutenues par
ses plénipotentiaires avec plus d'énergie et d'in-
sistance que jamais à partir de ce 11 novembre.
L'historien allemand décrit ainsi la situation
grave où Bismarck se trouvait à cette date :

Depuis que le Wurtemberg lui avait cassé dans
la main, Bismarck se voyait dans la nécessité plus
pressante que jamais de gagner la Bavière à quel-
que prix que ce fût. L'importance du télégramme
de Stuttgart paraît plus considérable encore si l'on
examine la situation générale qui devait obliger
Bismarck à faire des avances à la Bavière.

Ce furent les semaines les plus remplies d'angoisse que le chancelier vécut devant Paris. L'arrêt des progrès du siège avait naturellement fait impression au dehors. Il semblait que le terme des victoires allemandes fût marqué. Au quartier général, le dissentiment entre partisans et non partisans du bombardement était tout à fait aigu. Et, en même temps qu'il était occupé à se débattre avec les envoyés bavarois, Bismarck devait circonvenir le roi Guillaume pour obtenir de lui l'ordre de poursuivre énergiquement les travaux du siège. A ces circonstances s'ajoutèrent encore les complications, si inopportunes pour lui, que créait la dénonciation par la Russie du traité de Paris de 1856. C'est à ce moment que, dans les négociations de paix entamées avec Thiers, il laissait entrevoir la possibilité que l'Allemagne renonçât à l'annexion de Metz. Et c'est juste à ce moment que lui apparut la grandeur du danger que présentait la levée en masse et la résistance des provinces françaises. C'est le 9 novembre en effet qu'avait eu lieu la bataille de Coulmiers, première victoire indiscutée des armes françaises dans toute la campagne, et qui avait obligé von der Thann à reculer.

Mais, de toutes ces complications mêmes, de tous ces embarras de Bismarck, la France ne fut pas en état de profiter. Le chancelier s'aperçut que la fortune commençait à tourner. Il s'empressa de donner le coup de barre nécessaire. Avec des concessions à la Bavière, il savait que tout pouvait s'arranger. Il s'y résigna donc.

Mieux valait laisser à la Bavière son armée, sa diplomatie, son timbre et le casque à chenille que de risquer de voir tout le Sud revenir sous l'influence autrichienne. Il ne tarda pas à recueillir le fruit de son sacrifice. La Bavière redevint traitable. Et, son assentiment acquis, les autres États, bon gré mal gré, suivirent.

Busch, le naïf et précieux confident de Bismarck, a décrit en ces termes la satisfaction de son chef lorsque fut enfin conclu l'arrangement avec les délégués du roi Louis :

Vers dix heures, raconte Busch dans son *Journal* à la date du 22 novembre, je suis descendu pour le thé. Le chef était au salon avec les trois plénipotentiaires bavarois. Au bout d'un quart d'heure, il entr'ouvrit la porte, avança la tête d'un air content, et, voyant qu'il y avait encore de la compagnie, s'avança vers nous, un verre à la main, et prit place à table.

— « Enfin, le traité bavarois est terminé et signé ! — dit-il avec émotion — l'unité allemande est faite, et l'empereur aussi !... »

Le fidèle Busch ajoute qu'à ce moment il s'empara de la plume qui avait servi à signer ce traité historique. Puis il reprend sa sténographie :

.— « Apportez-nous encore une bouteille de ce

champagne-ci, dit le chef au domestique. C'est un événement. » Puis, après quelques instants de silence, il ajouta : « Les journaux ne seront pas contents, et celui qui écrira un jour l'histoire à la manière ordinaire pourra blâmer notre accommodement. Il dira : l'imbécile aurait pu demander davantage. Il l'aurait obtenu et il aurait bien fallu que les autres en passassent par là. Il pourrait bien avoir raison en disant qu'il aurait fallu. Mais moi j'avais plus à cœur qu'ils fussent intérieurement satisfaits de la chose. Qu'est-ce qu'un traité quand on le fait parce qu'il faut ?... Et je sais, moi, qu'ils s'en sont allés satisfaits. Je n'ai pas voulu les mettre à la torture ni exploiter la situation. Le traité a ses lacunes, mais il n'en est que plus solide. Je le compte parmi les résultats les plus importants auxquels nous soyons arrivés dans ces dernières années (1). »

Toute la satisfaction de Bismarck, tout son soulagement, éclatent dans cette dernière phrase. Le reste, ce sont des prétextes et des excuses pour lui-même et pour la galerie. La vérité est qu'il eût bien mieux aimé ne pas faire tant de concessions à la Bavière ni à personne. Plus tard, il assura lui-même que ces concessions étaient une « fêlure dans l'unité ».

Cette unité, en effet, était chose si extraordi-

(1) D'après la traduction publiée chez Dentu, 5e édition, p. 272.

naire, si invraisemblable, que Bismarck ne la trouvait jamais assez solide. Il se souvenait des peines qu'elle lui avait coûtées. Il savait qu'avec un peu de clairvoyance et de décision, qu'avec un pouvoir sérieux et occupé de son intérêt le plus évident, la France aurait pu maintenir l'Allemagne dans son chaos. Bismarck ressemblait à ces gens qui n'en croient pas leur bonheur.

Il se souvenait qu'il avait tremblé jusqu'au dernier jour, jusqu'à l'heure même du triomphe. Au comte Frankenberg partant pour annoncer au Parlement le résultat des pourparlers avec les États du Sud, il faisait cette recommandation : « Surtout, tenez ferme à Berlin ! Si nous n'installons pas cette fois pour de bon l'unité, c'en est fait pour des années. « Bismarck se souvenait aussi qu'à la veille de la proclamation de l'Empire un principicule faisait encore des difficultés : le prince Henri XXII de Reuss déclarait ne reconnaître le titre d'empereur au roi de Prusse que comme » une décoration et pour « désigner la dignité de chef de la confédéra- « tion et l'exercice des droits de présidence ». Bismarck enfin n'avait pas oublié que jusqu'au soir du 18 janvier, jusque dans la galerie des Glaces de Versailles, où l'Empire fut proclamé, il avait tremblé que tout échouât, tant il avait dû accorder d'intérêts, de rivalités, d'amours-propres, de traditions et d'influences qui auraient rendu sa tâche difficile, sinon impossible, et qui auraient pu, du moins, changer le caractère et compromettre la solidité de son œuvre, s'il eût trouvé devant lui une autre France que celle de la République et de Napoléon III.

LA JEUNESSE

ET LES

Premières armes de Bismarck

I

LES ANNÉES D'APPRENTISSAGE.

On peut dire que de 1800 à 1870 la vie politique de l'Europe entière a été dominée par le souvenir de Napoléon. C'est l'influence, la volonté, le génie napoléonien qui se faisaient partout sentir. Tyran des imaginations après avoir été tyran des peuples, ce souvenir de Bonaparte s'imposait en toute circonstance, son image obsédait les yeux, son histoire hantait les orateurs et les écrivains.

Il semble que depuis 1870 ce rôle-là soit dévolu à Bismarck. L'Europe contemporaine est si fortement marquée de son empreinte qu'à tout moment on évoque l'homme d'Etat prussien. L'unité allemande, la triplice, la paix armée : autant de faits et de circonstances qui conditionnent toute la vie publique, et par conséquent aussi toute la vie privée de nos jours ; autant de faits et de circonstances dont la responsabilité remonte à Bismarck. Il n'est pas jusqu'au régime républicain en France qui ne porte sa signature et ne lui doive le jour. Quelques efforts qu'on ait tentés pour s'affranchir du chancelier prussien et de sa politique, l'Europe d'aujourd'hui est une Europe bismarckienne. Il est donc naturel que la personne même de Bismarck, sa vie et son caractère soient objets de curiosité. Le chancelier de fer n'a pas encore eu son poète, mais il a sa légende. On ne l'a pas encore choisi comme « professeur d'énergie » ni comme excitateur des jeunes ambitions, ce que sans doute il mériterait presque autant que Bonaparte. Mais si la littérature bismarckienne n'a pas donné jusqu'ici de chef-d'œuvre, elle est pourtant déjà considérable, et la France même y a largement contribué. Après M. Andler, après M. Charles Benoist et leurs essais psychologiques, M. Paul Matter (1) a entrepris d'écrire une biographie

(1) *Bismarck et son temps*, par PAUL MATTER. Félix

complète et détaillée du prince de Bismarck. Nous allons essayer de résumer son récit des années d'apprentissage que fit Bismarck à diverses écoles. C'est, dans la vie de son héros, ce que M. Paul Matter appelle *la Préparation*. Cette période s'étend de 1815 à 1862. Certes, ce n'est ni par les événements ni par le caractère du personnage, ni aussi brillant ni aussi évocateur pour l'imagination que les débuts de Bonaparte. Mais ce qu'il y a d'âpre et de triste dans la jeunesse de Bismarck, le peu de ménagements que la vie eut pour lui au temps de la formation de ses idées, annonce et explique la brutalité de son œuvre, sa ténacité, sa misanthropie et cette espèce de névrose qui était la faiblesse secrète du colosse poméranien.

Les Bismarck étaient des hobereaux de caractère rude et violent, grands chasseurs, grands mangeurs, grands buveurs, fidèles serviteurs de la dynastie, soldats par goût et par tempérament. La difficile gestion de leurs biens dans un pays pauvre avait fait de ces gentilshommes fermiers et porchers d'assez bons administrateurs. Autant de traits communs à toute la lignée et dont hérita Bismarck. Sa mère, qui

Alcan, éditeur, Paris, 1905. Les deux premiers tomes ont seuls paru.

avait du penchant pour le bel esprit, ajouta
peut-être à ce patrimoine la rapidité et l'ampleur
de l'intelligence. Si l'on dit encore qu'Otto naquit
en 1815, qu'il fut élevé dans l'exécration de la
France, le souvenir des heures tragiques de la
Prusse et l'enthousiasme du relèvement national
qui devait finir par le grand mouvement de
l'unité allemande, on aura les principaux élé-
ments du caractère et de la personnalité de Bis-
marck.

Bismarck était un brutal. Il ne montra de
douceur qu'à un seul être au monde : sa femme.
Mais il faut reconnaître qu'il n'avait guère été
dressé à la tendresse. Dès six ans, ses parents
s'étaient déchargés du soin de son éducation sur
les maîtres d'un pensionnat où les jeunes élèves
étaient menés tambour battant. Bismarck garda
toujours un mauvais souvenir de l'institution
Plamann, où la discipline était de fer et la
nourriture spartiate. A douze ans, il change de
prison et il entre au gymnase. Là, il a la chance
de rencontrer un professeur qui pressent que ce
petit garçon sera quelqu'un : « Il avait, a écrit
plus tard ce clairvoyant pédagogue, un bon
visage joyeux et ouvert, des yeux limpides et
brillants, quelque chose de jeune et de gai. Je me
dis tout de suite : Voilà un gentil gamin. Je

m'occuperai particulièrement de lui. » Et c'est ce professeur obscur qui donna à Bismarck le goût de l'étude, comprit, enrichit et développa ses dons.

A dix-sept ans, « c'était un grand garçon de taille élancée, le front haut sous la chevelure abondante, le regard droit et ferme ». Il était d'une franchise de caractère poussée jusqu'à la violence. Mauvaise disposition pour un futur diplomate C'est pourtant à la diplomatie que sa mère le vouait par une surprenante intuition. Il n'entra d'ailleurs que beaucoup plus tard dans la carrière, après avoir essayé de bien des choses, achevé son éducation d'homme et fait son instruction de politique.

L'attitude de Bismarck dans la vie fut à peu près celle d'un autre Allemand célèbre vis-à-vis des idées : il ne méprisa presque rien. Ce n'était pas un dégoûté. Il se sentait assez robuste, assez bien équilibré, assez bien trempé, pour ne redouter aucun contact, aucune habitude. Entré à l'Université, il accepta, sans faire le délicat, les mœurs des étudiants. Il se fit remarquer par ses excentricités, ses duels et ses exploits bachiques. Il ne dédaigna point de se faire arrêter pour tapage nocturne. Il eut de nombreux démêlés avec le juge universitaire de Gœttingue. Il fit même de la prison. Bien plus, il donna dans le libéralisme, s'affirma quelquetemps républicain. Inutile de dire que cette disposition d'esprit ne dura pas, et qu'il domina rapidement cette crise d'adolescence.

Le jeune Bismarck s'était amusé. Il avait peu suivi les cours. Mais il avait lu beaucoup de livres et regardé beaucoup d'idées. Enfin il avait ses diplômes, et il se disposait, selon le vœu de sa famille, à entrer dans la diplomatie. Un échec l'attendait, et c'est là qu'il montra la fermeté de son caractère. Il fut présenté au ministre des affaires étrangères, le pointilleux Ancillon. « Ancillon considéra ce robuste gaillard, de
« médiocre noblesse rurale, sans grosse fortune,
« trop grand, trop fortement charpenté. Il ne le
« trouva pas conforme au type alors en cours
« de l'attaché d'ambassade, souple et sceptique,
« brillant et délié, de haute naissance et de
« grande richesse. Il lui insinua que les débuts
« de la carrière diplomatique étaient difficiles,
« encombrés, et lui conseilla de subir d'abord
« l'examen d'assesseur de gouvernement pro-
« vincial, puis, en collaborant aux travaux du
« Zollverein, de chercher, par ce détour, à se
« frayer une voie dans la politique allemande
« de la Prusse. C'était une défaite. Bismarck le

« comprit, mais résolut de prendre la voie
« détournée que lui indiquait le ministre Il
« travailla opiniâtrément son droit, se présenta
« au concours judiciaire, et, le 20 mai 1835, il
« était nommé auscultator au tribunal de Ber-
« lin. » Ainsi Otto de Bismarck « avait rêvé les
« intrigues de la diplomatie et il se réveillait
« commis greffier ». Mais il ne perdait pas
courage. Tout en grossoyant, il observait, il
critiquait, il augmentait son bagage de connais-
sances. Et surtout il ne perdait pas de vue ses
ambitions. Il s'amusait dans la société peu raf-
finée des jeunes nobliaux de Berlin, où l'on se
grisait tous les soirs. Mais c'était afin d'appro-
cher la cour plus aisément et par plus de côtés.
A une fête, il obtint d'être présenté au prince
qu'il devait si bien servir plus tard et qui lui
montra également une fidèle affection. Le futur
empereur d'Allemagne, alors prince héritier de
Prusse, s'étonna seulement, en voyant Bis-
marck, « qu'un si robuste gaillard ne fût pas
« entré dans l'armée et que la justice exigeât de
« ses jeunes gens la taille de la garde royale ».
Mais Bismarck ne se fâchait même pas qu'on le
plaisantât sur ses fonctions, sans gloire et sans
traitement, de stagiaire.

Il ne les occupa qu'un an. Un examen le fit

entrer dans l'administration. C'était encore de la petite bureaucratie, un travail fastidieux, de la paperasse, mais aussi l'occasion d'apprendre des choses nouvelles et même de se pousser dans la direction nécessaire : Bismarck se fit nommer au gouvernement d'Aix-la-Chapelle, où se réglaient bien des questions de l'importante union douanière, — cette clef de l'avenir politique de l'Allemagne. Ainsi, par une voie détournée, Bismarck s'efforce toujours de parvenir à la carrière diplomatique. Ce n'est pourtant pas un ambitieux du genre ténébreux. Il aime tout, et particulièrement le plaisir. Le mot de Diderot sur Bougainville : « Il fit comme tout le monde : il se dissipa après s'être appliqué et s'appliqua après s'être dissipé », convient à cette période de sa vie. Aix-la-Chapelle, ville où l'on s'amusait en 1840, fut le lieu où le jeune Bismarck mena l'existence la plus désordonnée. Transféré au gouvernement de Potsdam, il comptait y continuer sa vie joyeuse, lorsqu'il fut surpris par une désagréable révélation : son père et sa mère, à force de légèreté et d'inattention, de mondanité et de bel esprit, avaient compromis leur patrimoine. Le jeune Otto avait vécu jusque-là insouciant et riche. Il se trouvait subitement aux prises avec les plus

ennuyeuses difficultés. Dans cette circonstance,
dit son biographe, « son caractère fortement
« trempé se montra dans tout son élan d'éner-
« gie : il fit face aux difficultés et, avec la rapi-
« dité qui devait plus tard assurer sa force, il
« prit des décisions viriles ». C'était l'année où
il devait accomplir son service militaire. Il
quitte la garde royale de Potsdam, où la vie
est coûteuse. Il se fait incorporer dans un régi-
ment de petite ville. Dans ses loisirs, il lit, il
complète son instruction, il s'initie à l'économie
rurale. Son service fini, il est prêt à prendre en
main la gestion des biens de famille si mala-
droitement compromis par son père.

On ne peut nier que Bismarck ait eu de la
chance, même dans les occasions où la fortune
semblait le desservir. Peu d'éducations d'homme
public pourraient être plus complètes. A vingt-
quatre ans, il a déjà traversé la magistrature,
l'administration, l'armée, sans compter les
mondes les plus différents. Il s'est révélé homme
d'action en ceci qu'il ne s'attarde à rien et que
les années semblent doubles pour lui à l'usage
qu'il en fait. Voilà que des revers de fortune
semblent devoir arrêter sa carrière. Nullement.
A faire valoir son modeste domaine poméranien,
il va mieux s'armer pour les luttes futures. Bis-

marck, dit M. Paul Matter, passa en Poméranie le « temps où la personnalité s'établit chez « l'homme, où son caractère, son intelligence, se « forment définitivement. Ce long séjour a eu « sur Otto de Bismarck une influence profonde « et ineffaçable ».

Le voilà qui se met avec acharnement à relever sa fortune, à exploiter d'une manière pratique et raisonnable le triste domaine de Kniephof. S'il eut de l'amertume de ses ambitions déçues, il ne s'en ouvrit à personne. Il semble qu'il ait voulu les oublier par un labeur opiniâtre et en utilisant tout ce que la vie d'un petit gentilhomme poméranien peut offrir de distractions. Il redevient, comme ses ancêtres, grand chasseur, grand mangeur, grand buveur. On le voit dompter ses nerfs par des chevauchées folles où il risque vingt fois de se briser la tête. Il commet des excentricités dont certaines sont héroïques, car il portera fièrement toute sa vie une médaille de sauvetage. Une légende se forme autour de lui. On le surnomme *le hobereau fou*. Il est bientôt populaire dans les campagnes. Et il semble accepter ce nouveau genre d'existence. On peut croire qu'il restera toute sa vie gentilhomme campagnard et lieutenant de landwehr. Il ne dit rien, mais déjà il a

accepté quelques fonctions publiques. Il est
membre du Conseil d'arrondissement. Il repré-
sente un peu plus tard la noblesse de Naugard
à la Diète de Poméranie. C'est à cette Diète qu'il
prononcera un discours « sur la consommation
excessive du suif à l'assistance publique ». Bis-
marck ne méprisait presque rien en effet. Car
tels furent les tout petits commencements de sa
carrière politique. C'est grâce à eux que, servi,
sans doute, par les circonstances, mais sachant
les utiliser et n'en dédaigner aucune, il accom-
plit peu à peu ses primitives ambitions.

Bismarck était né sous une bonne étoile. Tout,
pour lui, finissait par tourner heureusement,
même ce qui avait d'abord paru contrarier ses
projets et arrêter sa carrière. Les accidents de
sa jeunesse, ses revers de fortune, ses stages
dans la magistrature et l'administration, sa vie
monotone de gérant d'un médiocre domaine
poméranien, lui avaient donné des hommes et
des choses une expérience complète et une
instruction pratique comme en reçoivent peu
d'hommes d'Etat. A son tempérament, à son tour
d'esprit naturel, les événements avaient ajouté
tout le nécessaire pour faire de Bismarck un
grand réaliste. C'est avec cette figure qu'il res-
tera dans l'histoire. Il en avait déjà quelques

traits au moment où il entra dans la vie politi-
que de son pays. Il les affirma dès ses débuts.

Lorsque la Diète unie s'ouvrit solennelle-
ment à Berlin en 1847, Bismarck n'en faisait
pas partie : simple membre suppléant de l'ordre
équestre au Landtag de la province de Saxe, il
n'avait pas été convoqué. Mais un député de son
ordre étant tombé malade, ce fut à Otto de
Bismarck-Schœnhausen que revint l'honneur de
prendre sa place. Cet honneur, il le goûta d'abord
médiocrement, et n'y vit même qu'un embar-
ras. Il était sur le point de se marier ; il surveil-
lait ses terres, et son premier mouvement fut de
sacrifier la politique à l'amour et à l'intérêt.
Mais son parti, qui le connaissait et l'appré-
ciait, insista, tellement que Bismarck se décida
à siéger à la Diète. Il vint s'asseoir sans hésiter
à la droite la plus extrême.

Sa première impression fut nettement hostile
au parlementarisme. « La séance d'aujourd'hui
« était ennuyeuse, écrivait-il un soir ; bavar-
« dages sans fin, répétitions, temps perdu. C'est
« étonnant quelle effronterie à parler les ora-
« teurs montrent, en raison de leurs capacités,
« et avec quel impudent amour-propre ils se
« hasardent à importuner une aussi grande
« assemblée de leurs creux discours. » Cepen-

dant il n'entendait pas les autres énoncer des
opinions contraires aux siennes sans être violem-
ment tenté de leur répondre. Il finit, lui aussi,
par faire son discours. Un jour, l'indignation le
fit bondir à la tribune. Un député libéral avait
nié le caractère nationaliste de la grande renais-
sance de la Prusse en 1813. Tous les souvenirs
d'enfance, toute l'éducation antinapoléonienne
de Bismarck, lui revinrent à l'esprit. En phrases
heurtées, saccadées, mais éloquentes, il exprima
son indignation et traduisit son patriotisme. A
mesure qu'il parlait, il s'aperçut en même temps
qu'il n'était pas un véritable orateur, et qu'il
réussissait à se faire entendre, à dominer son
auditoire. Jusqu'à la fin de sa carrière politique,
il conservera la manière de ses débuts, brusque
et familière, mais en la perfectionnant peu à
peu, en tirant même de ses défauts d'élocution
des effets qui n'appartenaient qu'à lui.

Cet essai de la tribune servait encore à lui
donner confiance en lui-même. L'audace du
« hobereau fou », qui l'avait un moment aban-
donné dans cette Diète compassée, lui revient
tout entière. Non moins entières et absolues sont
ses idées. Il est désormais décidé à les défendre.
C'est pour affirmer son nationalisme prussien
qu'il est intervenu une première fois dans les

débats parlementaires. La seconde, ce sera pour venir au secours de l'autorité monarchique. Les libéraux réclamaient la périodicité de la Diète. Une assemblée siégeant régulièrement, sans être convoquée par ordonnance royale, c'était un autre pouvoir reconnu auprès de celui du roi, c'était la monarchie altérée et diminuée. Bismarck, loyaliste et autoritaire, n'y pouvait point consentir. C'est pourquoi il protesta violemment contre la thèse des orateurs libéraux. Mais il ne s'attaqua pas avec moins d'énergie à une autre invention libérale, car ces inventions se succèdent selon une sorte de rite. La gauche avait donc imaginé d'affranchir les juifs, de leur donner l'égalité de droits, de leur accorder même l'accès à toutes les fonctions. « Je suis, « déclara Bismarck, pétri de préjugés, je les ai « sucés avec le lait maternel, et je ne réussirai « pas à m'en défaire en les discutant, car si « je me figure devant moi comme représentant « de la Majesté sacrée du roi un juif auquel je « devrais obéir, je dois confesser que je me sen- « tirais profondément abaissé et humilié, et que « je perdrais le sincère plaisir et l'espèce de « point d'honneur avec lequel je tâche à présent « de remplir mes devoirs envers l'Etat. »

Nationalisme, monarchisme, antisémitisme,

telles étaient les causes pour lesquelles Bismarck avait tenté ses premières passes d'armes. Il faut avouer qu'il était apparu un peu comme un excentrique et un impulsif, et qu'il avait mis à défendre ses idées plus de sentimentalité que de politique. Le groupe des ultras le reconnut aussitôt pour son chef, et ce fut sans doute un peu pour cette raison. Cependant son caractère avait été apprécié en dehors du petit monde des hobereaux. « Je me suis fait beaucoup d'amis « et beaucoup d'ennemis, écrivait-il à sa fiancée « le 9 juin 1847, ceux-ci surtout dans la Diète « et les premiers au dehors. Des gens qui ne « me connaissaient pas, d'autres que je ne con- « naissais pas, m'accablent de prévenances, et je « reçois surtout de bienveillantes poignées de « mains inconnues. » D'ailleurs, il se rendait parfaitement compte que lui et ses amis avaient été battus à la Diète, battus à plates coutures. Il savait que ses idées étaient impopulaires, que son parti était une très petite minorité. Mais de pareilles considérations n'étaient point faites pour amener un homme de sa trempe à l'opi- nion contraire. Au surplus, la Diète dissoute, Bismarck se désintéressa quelque temps des affaires. Il venait d'épouser Mlle de Puttkamer. Et il acheva dans un voyage de noces sentimen-

tal l'année qu'il avait ouverte par des manifes-
tations de loyalisme chevaleresque. C'est ainsi
que le chancelier de fer lui-même eut ses fai-
blesses et ses attendrissements.

A peine était-il revenu d'Italie et avait-il re-
pris sa vie de gentilhomme campagnard que la
révolution de 1848 éclatait. On sait la violence
qu'elle prit à Berlin. Les Hohenzollern faillirent
y perdre leur couronne. En apprenant ce qui se
passait dans la capitale, Bismarck, après avoir
pris quelques mesures pour faire respecter
l'ordre dans ses propriétés et chez ses paysans, se
hâta d'aller offrir son dévouement à la personne
du roi. Il voulait conseiller au souverain et à la
cour une résistance énergique. Il avait raison,
mais il le disait trop haut pour être écouté et pour
plaire. Frédéric-Guillaume IV était un roma-
nesque, un rêveur, un irrésolu. Il fut très touché
et se souvint toujours de la fidélité que Bismarck
lui avait montrée dans ces circonstances. Mais
en même temps il craignit que le zèle de ce ho-
bereau ultra-réactionnaire ne fût compromet-
tant. Bismarck à Berlin s'agitait beaucoup en
effet. Il allait et venait, exhortant les officiers,
secouant les généraux, formant des plans de
conspiration. Tout le Dumas et le Walter Scott
qu'il avait lus dans les veillées de Schœnhausen

lui revenaient certainement à l'esprit. Il se faisait jacobite et chouan. A la fin, le général Hedermann dut menacer Bismarck d'une immédiate arrestation pour crime de haute trahison. Bismarck « n'eut qu'à rejoindre son castel, déçu, navré, furieux ».

Il y avait de quoi. Si Bismarck avait déjà de grandes ambitions, il pouvait croire qu'il avait compromis son avenir par excès de zèle. Quelques mois après les terribles journées de mars, lorsque le calme commença à renaître, le nom de Bismarck fut proposé au roi pour une combinaison ministérielle. En face du nom de son meilleur serviteur, le souverain écrivit cette note un peu narquoise : « Ne pourra être ministre que si la baïonnette doit être maîtresse absolue ». Mais l'ironie n'était pas de force à désarmer Bismarck. De nouvelles élections avaient lieu en janvier 1849. Il s'y porta, sans faire la moindre concession aux temps ni aux circonstances. Ce fut au contraire l'occasion qu'il choisit de reformer avec quelques amis une droite extrême, absolument « pure de toute souillûre révolutionnaire ». Aucune transaction avec la Révolution, intégrité de la couronne, lutte contre les abus des récentes libertés : tel était ce programme, plus royaliste que celui du roi. C'est

pourtant sur ce programme presque paradoxal
qu'il se fit élire. Sa hardiesse, sa brutalité, ses
coups de boutoir, avaient plu aux électeurs au-
tant que sa force de conviction et sa confiance
en lui-même. Les élections, du reste, n'avaient
guère été favorables aux amis de Bismarck. Son
petit groupe intransigeant arrivait fort restreint
à l'assemblée. Quelques timides et quelques
faibles en gémissaient. Bismarck voyait plus
loin et montrait un plus clairvoyant optimisme :
« *Nous n'avons pas encore vaincu*, déclarait-il,
« *mais nous avons attaqué, et c'est le principal ; la*
« *victoire doit encore venir, mais elle viendra.* »

Ce sont de vraies paroles d'homme d'action.
Au contact de la vie, à mesure que lui venait
l'expérience, Bismarck en effet dépouillait tout
doucement sa sensiblerie provinciale. Il conser-
vait intégralement ses convictions, mais com-
prenait qu'il les servait mal en se satisfaisant de
les affirmer par des cris pittoresques et violents.
Déjà il commençait à fréquenter les groupes po-
litiques les moins proches du sien. « Il trouvait
« ses coreligionnaires de la droite gens vertueux
« mais gourmés et ennuyeux, et préférait causer
« amicalement avec les députés de gauche, plus
« vivants et personnels. Ses adversaires le
« tenaient pour *un gaillard qui a le diable au*

« *corps,* mais plaisant par l'originalité de ses
« saillies, son franc caractère, ses allures de bon
« garçon. »

Pour être complet sur cette période de prépa-
ration de Bismarck, il faut encore mentionner
deux faits où s'annonce sa politique de l'avenir.

C'est en 1849 qu'il a formulé sa première
grande vue politique. Alors l'idée de l'unité
allemande hante plus que jamais les esprits.
Toutes sortes de tentatives et de propositions
sont faites pour constituer un Etat germanique.
Il semble qu'à Berlin on soit prêt à se laisser
séduire par les offres qui viennent de Francfort
et du Sud. Mais Bismarck en devine le danger.
Il veut l'unité, certes. Il est patriote allemand.
Mais, à ce moment, il est d'abord patriote prus-
sien, car il sait que l'unité ne sera solide que si
elle est faite par et pour la Prusse. Sous l'affec-
tation de son particularisme prussien, tel est
le vrai sens des discours qu'il prononce à cette
date contre le projet de fédération. « Notre
peuple, s'écriait-il, n'éprouve nullement le besoin
de voir son royaume prussien se dissoudre dans
cette fermentation corrompue de la licence alle-
mande du Sud. Sa fidélité ne s'attache pas à une
présidence fédérale qui n'est qu'une feuille de
papier ni à un conseil de souverains où la Prusse

n'a que le sixième des voix. Elle s'attache à notre vivante et libre royauté, au roi de Prusse, à l'héritier de ses pères. Ce que veut le peuple, nous le voulons tous. Nous voulons que l'Aigle prussien étende son vol protecteur et domine depuis Memel jusqu'au Donnersberg. Mais nous voulons le voir libre, non pas enchaîné par une nouvelle Diète de Ratisbonne, non pas avec les ailes rognées par la serpe égalisatrice de Francfort, serpe qui n'est devenue un instrument de paix qu'à la réunion de Gotha, tandis que quelques semaines auparavant, à Francfort, elle était brandie comme une arme menaçante contre le prussianisme et contre les ordonnances de notre roi. »

Bismarck avait raison de conseiller à la monarchie prussienne de ne pas se presser. Il entrevoyait déjà la campagne de 1866, celle peut-être de 1870 : l'Unité réalisée en toute sécurité, d'une manière durable et au profit de la Prusse en écartant l'Autriche, en subjuguant l'Allemagne du Sud et en abaissant la France.

Quant à la France, dont il avait conservé la haine, il commençait à la bien connaître. Il venait d'observer les convulsions qui avaient suivi la révolution de février. Il portait déjà sur notre pays le jugement qui déterminera son intervention dans nos affaires intérieures après 1871. Le 24 septembre 1849, Bismarck combattait à la tribune une proposition de la gauche qui tendait à établir définitivement le régime parlementaire en Prusse, en accordant au Parlement le droit de refuser les impôts. Vous invoquez, disait-il à ses adversaires, l'exemple de certains peuples qui ont inscrit ce « progrès » dans leurs institutions. Or « l'exemple de la France, patrie de « toutes ces théories, n'est pas très séduisant. Et « je ne vois réellement rien dans sa situation « actuelle qui nous engage à mettre sur notre « corps vigoureux et sain la tunique de Nessus « des théoriciens politiques français. » C'est le même homme qui, vingt-cinq ans plus tard, travaillera à remettre cette tunique sur nos épaules.

II

LA FORMATION DES IDÉES BISMARCKIENNES.

Il y a dans la vie de Bismarck une période difficile à suivre parce que les événements historiques auxquels il se trouva mêlé sont alors d'une confusion extrême. Il faudrait des pages et des pages pour débrouiller à peu près l'état de la question allemande au milieu du dix-neuvième siècle. La vérité est que les contemporains ne voyaient pas ce qui en sortirait ni comment on en sortirait. Tous les principes et tous les hommes, toutes les Constitutions et tous les Parlements, s'usaient à mettre de l'ordre dans ce chaos. La Révolution n'avait pas pu et la Sainte-Alliance n'avait pas voulu. Les traditionalistes y avaient épuisé leurs souvenirs historiques et les légistes leurs subtilités juridiques. Le libéralisme avait en vain espéré que son souffle ferait naître l'unité du chaos féodal. Chaque année était marquée par la faillite d'une solution nouvelle. Les ministres étaient morts à la tâche ou bien avaient perdu leur portefeuille. Les autres prenaient tout doucement le parti d'éterniser les choses et d'y vivre le plus agréablement possible. Les diplomates étaient contraints de se rassembler à tout instant. Ils cherchaient à donner du charme à ces rencontres et à corriger la sévérité de leurs congrès par les plaisirs de la vie mondaine. Ce fut, dans la carrière, l'école de toute une génération élégante et sceptique. On cita longtemps la Diète de Francfort, sa douceur de vivre, l'impertinence, les déshabillés et les conquêtes du comte de Thun.

C'est cette période-là, qui va de 1850 à 1855, que Bismarck mit à profit pour l'élaboration définitive de ses idées politiques. Cette période, remarquons-le, est celle où l'Empire, rétabli en France, commet ses primitives erreurs — la guerre de Crimée — et amorce toute une série de fautes. La formation du plan de Bismarck coïncide d'une manière remarquable avec les premiers actes qui devaient révéler à l'observateur attentif ce que le régime impérial allait faire de la France.

Bismarck approche alors de la quarantaine. Il est en possession de toutes ses forces et de toutes ses facultés. C'est alors qu'il devient vraiment lui-même. C'est ce moment qu'il choisit pour accomplir la plus intéressante des évolutions. Jusque-là, Otto de Schœnhausen-Bismarck n'avait été qu'un fidèle serviteur de la monarchie prussienne, mais en hobereau ultra-réactionnaire, en parlementaire d'extrême droite, en homme de la *camarilla* rétrograde de Berlin, en politicien de classe et de parti. Il ne reniera rien de ses principes politiques, mais il ne les suivra plus dans le même esprit. C'est l'intérêt prussien tout seul qu'il aura désormais en vue, non pas l'intérêt de sa caste. Sa méthode, son intelligence réaliste, font sortir, du vieux fonds des idées particularistes et conservatrices, une politique nationale nouvelle.

Déjà, malgré son intransigeance, Bismarck avait fait entrevoir cette évolution dans les assemblées où il avait figuré depuis 1847. Elle se précisa à l'assemblée d'Olmütz. C'est là qu'au nom de la droite et du parti gouvernemental il eut la lourde tâche de défendre et d'expliquer la politique de Manteuffel, son échec, la soumission de la Prusse à l'Autriche dans la question des duchés et l'affaire de Hesse. Dans un discours qui ménageait à la fois le passé et l'avenir, Bismarck ne craignit pas de mettre sur le même

pied l'honneur du pays et son intérêt. Le loya-
lisme envers son souverain, hautement proclamé,
lui permettait d'affirmer qu'il n'y avait pas
de honte pour la Prusse à remettre l'épée au
fourreau du moment que son roi en avait ainsi
décidé pour le bien public. Appuyé sur son
légitimisme, Bismarck examinait librement les
raisons qu'un Etat moderne peut avoir de faire
une grande guerre. Et il prononçait ces paroles
où le « chancelier de fer » est déjà tout entier :
« L'unique base saine et salutaire pour un grand
« Etat, et c'est par là qu'il se distingue essen-
« tiellement d'un petit Etat, c'est l'égoïsme
« politique et non pas le goût romantique, — et
« il n'est pas digne d'un grand Etat de se battre
« pour une cause qui n'est pas inhérente à son
« propre intérêt... Malheur à l'homme d'Etat
« qui ne trouve pas pour faire la guerre une
« raison qui soit encore aussi valable après la
« guerre ! »

Les parlementaires à qui s'adressait Bismarck
s'imaginaient que le hobereau ne parlait ainsi
que par passion de partisan, que s'il refusait
de combattre l'Autriche, c'était par fidélité aux
principes de la Sainte-Alliance. Mais Bismarck
voyait déjà les choses sous un angle différent.
S'il consentait à se servir encore et du langage et

du programme de son parti, son regard s'étendait plus loin. Il se laissait applaudir ou interrompre avec la même indifférence. Le président de la seconde Chambre, Simson, un juif libéral, faisait rire le centre et la gauche aux dépens du chevau-léger poméranien. « L'honorable député de « Brandebourg, disait-il aimablement, a des idées « originales qui n'éclairent peut-être pas mais « qui tout au moins égayent la Chambre. » A quoi Bismarck ne répondait que par une tranquille profession de mépris pour le système parlementaire. Un jour, rappelé au « respect de la Constitution », il réplique d'un ton de maître, — le ton qu'il aura de 1862 à 1866 dans son grand conflit avec la Chambre : « Je vous remets « en mémoire que le jour où nous sommes est « l'anniversaire de la révolution française, « 24 février 1848. C'est une date qui nous « rappellera toujours comment le régime parle-« mentaire, pourvu des armes les plus puis-« santes et n'ayant à combattre que de bien « faibles forces, n'en a pas moins fait, aux yeux « de l'Europe, un fiasco si éclatant qu'il lui « sera difficile de se relever jamais de cette « chute. »

C'est à la veille de quitter le monde et la méca-nique parlementaires que Bismarck prononçait ces paroles. Manteuffel, le ministre des affaires étrangères de Prusse, l'avait remarqué, avait apprécié au cours de leurs entretiens son rude bon sens et sa force de volonté en même temps que son loyalisme à toute épreuve. Les puissances autonomes d'Allemagne envoyaient alors à Francfort des délégués qui constituaient le gouvernement impossible, introuvable, d'un pays qui aspirait à l'unité tout en redoutant de perdre ses particularités et ses traditions, un pays qui était las de l'anarchie et impatient de l'ordre.

Arrivé à Francfort comme conseiller de légation, Bismarck ne tarda pas à entrer en conflit avec son chef. On lui donna raison et il fut bientôt nommé délégué prussien. C'était, ni plus ni moins, la première des ambassades du roi de Prusse. Bismarck réalisait ainsi le vœu de sa mère, l'ambition de sa première jeunesse. Il entrait, et par la plus grande porte, dans la diplomatie.

Bismarck fut de ces ambassadeurs qui ont des idées personnelles et qui les imposent à leur gouvernement. Envoyé pour défendre la politique traditionnelle de la Sainte-Alliance, pour maintenir l'entente austro-prussienne, pour empêcher la reconnaissance de Napoléon III,

Bismarck, guidé par l'intérêt prussien, exécuta ses instructions à sa manière. Il avait compris que, le mouvement démocratique et libéral étant vaincu en Allemagne, la Prusse n'avait plus rien à attendre de son accord avec l'Autriche et que les deux monarchies, ayant écrasé leur ennemi commun, la révolution allemande, allaient se trouver face à face, lutter d'influence et se heurter pour l'hégémonie. Dès son entrée en fonctions, ou presque (1851), l'Autriche est pour lui *l'adversaire*.

La *camarilla* rétrograde, le parti réactionnaire, dont il avait été le chef et le porte-parole, ne fut pas éloigné de crier à la trahison. Bismarck trahissait les principes de la Sainte-Alliance, il abandonnait la Prusse pour l'Allemagne, il tombait donc dans les erreurs révolutionnaires, il adorait ce qu'il avait brûlé ! Bismarck laissait dire, ne rendait de comptes qu'à son ministre et à son roi. Et celui-ci comprenait déjà la politique nationale aperçue par le hardi délégué de Francfort, l'Autriche rejetée hors d'Allemagne, l'unité faite au profit de la Prusse.

Bismarck acheva de scandaliser les féodaux dans l'affaire de la reconnaissance de Napoléon III par les puissances.

Le Congrès de Vienne avait prononcé pour

Bonaparte et sa famille l'exclusion éternelle du trône de France. Admettre Napoléon III, c'était renier l'œuvre de la Sainte-Alliance, manquer à la parole des rois. Les trois cours du Nord, Prusse, Autriche et Russie, mettaient un point d'honneur à faire respecter la volonté des souverains coalisés de 1815. Mais l'esprit « ingénieux et hardi » de Bismarck avait conçu un autre plan. Bismarck avait compris l'utilité qu'offrirait pour l'intérêt prussien le régime impérial et plébiscitaire restauré en France. Bismarck connaissait assez les institutions pour savoir que cette démocratie césarienne, ce compromis entre le régime dictatorial et le régime d'opinion devait causer au malheureux pays qui le subirait toutes sortes de calamités. — « Reconnaissez « l'Empire, suggérait Bismarck au gouverne- « ment de Berlin : c'est un régime qui, dans un « avenir prochain, rendra service à la Prusse. »

Un voyage à Paris fortifia Bismarck dans ses vues. C'était au temps de la guerre de Crimée. L'Empire avait commis sa première faute et vérifiait le pronostic de Bismarck. Le voilà présenté à Napoléon III. Il a un long entretien avec l'empereur ; il peut juger sa pauvre intelligence, connaître ses conceptions chimériques. Dans ses *Pensées et souvenirs*, Bismarck a rapporté cette

conversation d'un ton où l'ironie et la commisé-
ration sont nettement perceptibles. Il rapporte
que Napoléon « se montra bien plus indulgent
« que l'Angleterre et l'Autriche pour les péchés
« dont la Prusse s'était rendue coupable envers
« la politique des puissances occidentales ». L'em-
pereur lui fit des avances en vue d'un rapproche-
ment de la France et de la Prusse. « Il me dit que
« deux Etats voisins, placés par leur culture et
« leurs institutions à la tête de la civilisation,
« devaient s'appuyer l'un sur l'autre ». Bismarck
emporta de Napoléon III l'impression que c'était
un homme très doux, très bienveillant, fort
éloigné des procédés « violents, presque bru-
taux » que l'Angleterre et l'Autriche employaient
alors pour faire pression sur la Prusse. En
somme, un naïf, un sensible, un illusionné, un
homme dont on ferait ce qu'on voudrait.

Rentré à Berlin, très diffamé par le parti réac-
tionnaire qui l'accusait de défection, Bismarck
communiqua ses impressions à Frédéric-Guil-
laume IV. Ce fut sa meilleure défense. « Napo-
« léon III est un homme aimable et d'esprit
« ouvert, rapporta Bismarck, mais il est moins
« habile qu'on ne dit. On met tout événement sur
« son compte, et s'il pleut à contre-temps dans
« l'Asie orientale, on en attribue la cause à quelque

« machination perfide de l'empereur. On a pris
« l'habitude, chez nous, de le considérer comme
« une sorte de génie du mal qui ne songe qu'à
« troubler le monde. Mais son intelligence est
« bien surfaite aux dépens de son cœur ; au fond,
« c'est la bonté même, et le propre de son carac-
« tère est de reconnaître tout service rendu par
« une gratitude poussée à un degré peu ordi-
« naire. » C'est toujours avec cette dérision que
Bismarck traitera désormais Napoléon III, pau-
vre halluciné, rêveur humanitaire, absolument
dénué d'esprit politique. Personne d'ailleurs ne
sut mieux que Bismarck abuser de la sensibi-
lité de l'empereur et jouer de ses « principes ».
Bismarck n'eut donc pas de peine à faire en-
tendre à son roi que ce « démon du mal » était
en réalité le bon génie de la Prusse.

Le voyage à Paris acheva de fixer les idées de
Bismarck et lui ouvrit certainement des perspec-
tives d'avenir. Il avait compris dès le début de
sa carrière diplomatique que l'Empire français lui
donnerait les moyens d'exécution nécessaires à
ses vastes desseins, et que Napoléon III, « la
bonté même », ferait par complaisance la
contre-partie de son jeu.

LA FORTUNE DE BISMARCK.

Bismarck, qui devait plus tard, de tous ses contemporains, être l'homme d'Etat le mieux servi par la chance, n'en reçut pas les faveurs précoces. Les épreuves, les embarras, les circonstances décourageantes entravèrent ses débuts. Il connut tous les genres de difficultés avant le premier sourire de la fortune. Mais, sorti plus fort de ces combats, son génie était mieux armé pour profiter d'un changement du destin.

La dernière épreuve fut la plus critique. Sa situation sembla perdue au moment même où il la croyait vraiment forte, où il se voyait sur le point d'atteindre le port. C'est la période finale et décisive de cette partie de l'existence de Bismarck que M. Paul Matter a nommée *la Préparation*.

Le 26 avril 1856, cinq ans après ses débuts dans la carrière, Bismarck adressait à Manteuffel, ministre des affaires étrangères de Prusse,

un rapport qui a conservé à bon droit le nom de
« rapport magnifique ». Toute la clairvoyance,
tout le réalisme de Bismarck, se manifestaient
dans ce magistral exposé de la situation euro-
péenne. Il y analysait les forces, les éléments en
présence, indiquait leurs combinaisons pro-
bables, prévoyait les événements qui devaient en
sortir. Il formulait hardiment, en dépit du sys-
tème de la Sainte-Alliance, toujours en faveur à
la cour de Berlin, la certitude d'un conflit entre
la Prusse et l'Autriche, conflit favorisé par la
politique napoléonienne. « Ma conviction, écri-
« vait-il, est que nous aurons à défendre dans
« un avenir assez prochain notre existence contre
« l'Autriche, et qu'il n'est pas en notre pouvoir
« de prévenir cette collision, parce que la marche
« des choses en Allemagne ne comporte aucune
« autre issue. » Et, par un trait qui peint son
humeur, il ajoutait à cette prophétie cette anec-
dote, à ses yeux symbolique : pendant une pro-
menade, quelques jours auparavant, le cheval
de l'ambassadeur français avait tout à coup vio-
lemment rué dans les jambes de la **monture** de
Rechberg, le délégué autrichien à Francfort. Tel
est bien le genre de la plaisanterie bismarckienne.

Bismarck commençait d'être l'homme à qui
les faits donnent raison. On l'écoutait à Berlin.

On lui faisait de plus en plus confiance. En
avril 1857, lorsque l'affaire des duchés danois
et l'incident de Neufchâtel exigèrent une entente
avec Napoléon III, Bismarck fut chargé d'aller
sonder les dispositions véritables du gouverne-
ment de Paris. Bismarck, durant cette mission,
vit plusieurs fois Napoléon III. Il en reçut
d'étourdissantes confidences. Le César mala-
droit lui fit part de ses projets italiens, lui
annonça comme nécessaire une lutte entre la
France et l'Autriche, l'assura, avec une inqua-
lifiable simplicité, de sa sympathie pour la
Prusse et chargea même le diplomate prussien
d'aller proposer son alliance à Frédéric-Guil-
laume IV. Bismarck écoutait ce flot de naïvetés,
en prenait bonne note, mais répondait à peine.
Son silence, sa réserve, finirent par inquiéter
Napoléon III. Il n'en parla que davantage pour
dégeler son interlocuteur. Même impassibilité.
L'empereur, effrayé pour de bon, compléta sa
maladresse. Il pria Bismarck de ne pas le trahir,
de considérer leur conversation comme celle de
deux hommes privés, non de deux hommes
d'Etat. Bismarck lui promit le secret et le
garda en effet, ce dont Napoléon eut la bonté de
lui avoir de la reconnaissance. Ce que Bismarck
n'avait ni promis ni pu promettre, c'était de ne

pas tenir compte des choses apprises, de ne pas se servir des révélations qui lui avaient été faites avec une imprudence sans pareille...

En 1857, Bismarck se trouvait ainsi en excellente posture pour réaliser son ambition déjà consciente : diriger les destinées de la Prusse. C'est à ce moment que, par un rude coup du sort, son auxiliaire le plus précieux vint à lui manquer. Le souverain qui l'avait apprécié, distingué, inventé presque, son protecteur et son ami, Frédéric-Guillaume IV, abandonnait le pouvoir. Comme tout le faisait prévoir, la neurasthénie avait vaincu ce prince généreux, intelligent, mais agité, inquiet, irrésolu, ébranlé aussi par les troubles et les difficultés de son règne. Le 23 octobre, il se résignait à signer une sorte d'acte d'abdication qui remettait provisoirement le pouvoir à son frère Guillaume. Ce provisoire devint bientôt définitif.

Or Bismarck savait que le régent le redoutait et lui gardait rancune de quelques désaccords entre leurs idées au cours des événements précédents. Guillaume Ier était un militaire qui reprochait à Bismarck, comme autant de faiblesses et de capitulations, ses habiletés diplomatiques. Bismarck ne se dissimula pas que sa carrière était compromise, qu'il aurait

fort à faire pour conserver son rang et surtout
son influence. Il ne se trompait pas. Malgré
son activité, ses démarches, son dévouement
habilement témoigné au nouveau souverain, il
fut remplacé à Francfort par Usedom et envoyé
à l'ambassade de Pétersbourg, presque en exil.

Il avait alors quarante-cinq ans. La disgrâce,
si elle devait persister, ne lui promettait plus guère
que des promenades de mission en mission.
Bismarck se demandait s'il ne serait pas plus sage
de prendre sa retraite, de renoncer à ses ambi-
tions, de regagner son domaine de Schœnhau-
sen et d'y vivre en gentilhomme, avec d'assez
beaux souvenirs et des honneurs. Sa femme
l'y engageait. Une grave maladie, qu'il fit alors,
faillit l'y déterminer. Une blessure d'apparence
bénigne, venue d'une chute à la chasse, prit de
telles proportions qu'on parla de l'amputer d'une
jambe. Il s'y refusa. Mais l'accident eut les suites
les plus graves. Toute la faculté le condamnait.
Et nul médecin ne put expliquer, sinon par sa
constitution extraordinaire, la chance qu'il eut de
ne pas être emporté par une embolie fatale. En
1859 et 1860 il fut plus d'une fois approché par
la mort. Que l'on imagine, si l'on s'amuse à ce
jeu, le cours nouveau qu'auraient pris les choses
en Europe, Bismarck venant à disparaître.

Mais il fit front à la mort. Il résista à la défaveur royale et il sut remonter rapidement sur ses étriers.

Suspect à la cour, il y comptait pourtant quelques amis dévoués : Roon le premier et Edwin de Manteuffel. L'un, ministre de la guerre, l'autre, chef du cabinet militaire, étaient les Eminences grises du régent. Appartenant à la même génération que Bismarck, de la même formation d'esprit, ils savaient que Bismarck était nécessaire à cette grandeur prussienne qui devait être forgée par le fer et par le feu. Roon et Manteuffel agirent sur le prince par persuasion et par suggestion. Ils s'efforçaient d'effacer les mauvaises impressions, les souvenirs désagréables que Guillaume Iᵉʳ avait gardés de leur ami. Leur plan était de faire donner le ministère des affaires étrangères à Bismarck. Alors ils pourraient agir en commun, réaliser cette politique prussienne que les hommes de leur âge distinguaient nettement. Mais c'était une rude tâche que de donner le pouvoir à Bismarck. L'opinion ne comprenait rien aux grands projets des hommes de cette génération. Libéraux, réactionnaires, se méfiaient également de Bismarck et de ses plans. Sa politique nouvelle, esquissée seulement, dérangeait toutes les habitudes d'esprit, ne rentrait dans aucun cadre connu. On ne comprenait pas, par exemple, qu'il avait depuis longtemps jugé Napoléon III à sa valeur et reconnu dans l'exécuteur du testament de Sainte-Hélène le meilleur auxiliaire que pussent trouver l'ambition prussienne et l'unité allemande, une sorte d'allié involontaire, facile à berner par des flatteries et des promesses. On lui reprochait ses sympathies napoléoniennes. On l'accusait de vouloir céder à la France toute la province du Rhin. Il fallut à Guillaume quelque temps et l'exercice du pouvoir pour s'élever au-dessus des criailleries des partis et de l'opinion, et reconnaître que Bismarck avait raison, que c'était de son côté que se trouvait l'intelligence de l'intérêt national.

En attendant, Bismarck passait d'assez mornes journées à Pétersbourg. Son impatience, sa déception, son inquiétude de l'avenir, étaient encore aggravées par des difficultés financières, car les revenus de son petit domaine poméranien, ajoutés à son médiocre traitement d'ambassadeur, ne lui permettaient pas de faire très grande figure. Cependant son activité intellectuelle ne se ralentissait pas. Il apprenait le russe, dont la connaissance lui donnerait auprès du tsar et de ses ministres une grande supériorité sur les autres représentants étrangers. Il étudiait les hommes et les choses de Russie. Il se faisait écouter de l'autocrate et de ses hommes d'Etat. Les trois années de Pétersbourg furent pénibles pour Bismarck. Elles ne furent pourtant pas perdues pour lui. Il trouva par la suite plus d'une occasion de mettre à profit ce qu'il y avait appris.

Roon et Manteuffel continuaient de plaider sa cause auprès de Guillaume, devenu roi par la mort de son frère. L'habileté de Bismarck fut de ne pas se montrer avide du pouvoir dès que la faveur lui fut revenue. En mai 1862, il était nommé ambassadeur à Paris ; mais dans l'esprit de tous cette mission devait être brève et annonçait son ministère.

Il reprit à Paris ses entretiens avec Napoléon III. Il reçut une fois de plus les propositions nettes et embarrassantes d'une alliance de la France et de la Prusse. Il démêla surtout que l'Empire avait trois politiques : l'une officielle, celle du Sénat et du Corps législatif, celle du plein jour et de la presse. Une seconde, personnelle à Napoléon III, faite d'intrigues cosmopolites, d'idéalisme humanitaire, et suggérée par les *carbonari*. La troisième de ces politiques, c'était enfin celle de l'impératrice, une politique

« catholique, conservatrice, papiste, même au-
trichienne », écrivait Bismarck à son ministre.
Il comprenait qu'entre ces trois directions il
serait facile à la Prusse de trouver son chemin.
Cependant, en Prusse même, la situation deve-
nait difficile. Le Parlement, incapable, de
comprendre que le sort du pays allait se jouer
et que sa grandeur allait se décider, accumu-
lait les obstacles devant les ouvriers du grand
œuvre. Roon désespérait de pouvoir mener à
bien la réorganisation militaire. Il fallait Bis-
marck, et pas un autre que Bismarck, pour
dompter le Parlement, puisque le Parlement ne
pouvait comprendre. Roon finit par convaincre
le roi que Bismarck était l'homme nécessaire.
Guillaume faisait encore quelques objections et
quelque résistance : il fallut la gravité de la si-
tuation pour le libérer de ses préjugés.

La fortune de Bismarck allait se décider. Il
le savait. Et c'est peut-être le moment de sa vie,
féconde en circonstances critiques, où il se
montra le plus ému et le plus nerveux. Inca-
pable de tenir en place, il courait le midi de la
France. C'est à Avignon que, le 18 septembre
1862, le joignirent deux dépêches éloquentes dans
leur brièveté. L'une venait de son fidèle Roon
et portait : « *Periculum in mora*. Dépêchez-

vous. » L'autre, anonyme, était plus vulgaire mais plus symbolique : « La poire est mûre », disait-elle. C'est sur cette métaphore jardinière que Bismarck gagna Berlin pour y former l'Europe selon sa volonté et y exécuter des projets si longtemps médités, si menacés de rester dans le domaine des chimères, et auxquels la fortune venait enfin de se montrer favorable.

Mais peut-être n'eût-il pas convenu de parler à Bismarck de la fortune. Il connaissait à sa divinité bienfaitrice une figure et un nom plus précis : c'était l'intérêt clairvoyant de son monarque. c'était l'institution monarchique, qui, en réalité, l'avaient élu. Il n'a pas fallu moins qu'une grande dynastie pour imposer ce grand ministre à la Prusse et à l'Allemagne.

Le Centenaire d'Iéna

OCTOBRE 1806

I

L'INVASION FRANÇAISE EN ALLEMAGNE.

Le centenaire d'Iéna, tombant si tôt après les bruits de guerre et l'alerte de Tanger, aurait dû être pour le patriotisme français une occasion de recueillement et d'étude. De l'état présent des ambitions et des rivalités européennes, peut naître un immense conflit qui se résoudra sur ces champs de bataille, toujours ouverts aux armées, et qui bordent le Rhin. La bataille se livrera-t-elle cette fois à droite ou à gauche du grand fleuve frontière ? C'est l'énigme d'un avenir que beaucoup tiennent pour prochain.

Il y a un siècle, c'est au cœur de l'Allemagne que la Prusse éprouva sa grande défaite historique, à Iéna, le 14 octobre 1806. Que de réflexions soulèvent ces grandes circonstances de politique et de guerre ! Il est agréable de songer au profond avilissement où fut plongée la Prusse par la catastrophe d'Iéna. Il est utile de chercher les méthodes et les ressources qui lui ont permis de prendre si vite une si éclatante revanche.

La Prusse, création d'une dynastie, œuvre de longue haleine, faite de la main de grands soldats et de grands diplomates, faillit disparaître dans la tourmente napoléonienne. Un demi-siècle avant que l'unité allemande fût constituée par elle et à son profit, avant qu'elle ressuscitât cet Empire germanique que l'on avait cru si bien mort, la Prusse ne comptait plus pour rien dans le monde ni dans l'Allemagne elle-même. A part quelques patriotes très conscients, très intelligents, très clairvoyants, les Allemands se désintéressaient de la Prusse, assistaient indifférents à son désastre. Excepté Stein, westphalien, Hardenberg, hanovrien, Scharnhorst et Gneisenau, saxons tous deux, et qui ne voyaient d'autre instrument du relèvement national que la

dynastie des Hohenzollern, le peuple allemand,
dans son ensemble, regardait comme un événe-
ment auquel il n'avait aucune part l'effondre-
ment de l'œuvre du grand Frédéric. La Prusse
était une étrangère en Allemagne. Et il y avait
même des Allemands pour voir sans chagrin
ses défaites. L'un d'eux, et non des moindres,
n'était pas très éloigné de s'en réjouir. C'était
Gœthe lui-même qui redisait le *Suave mari
magno*. « Je n'ai pas du tout à me plaindre »,
écrivait-il quelques mois après la bataille, à un
ami d'Iéna. « Je me sens à peu près dans l'état
« d'esprit d'un homme qui, du haut de son
« rocher solide, plonge ses regards dans la
« mer écumante et n'est pas capable de venir
« au secours des naufragés. Le flot même
« ne l'atteint pas et, selon un poète antique, ce
« serait là un sentiment agréable... »

M. Henri Albert a écrit une série d'attachantes
études où il montre quels furent l'attitude, les
sentiments, les pensées de Gœthe et de la
petite cour de Weimar pendant les événements
de 1806. On y voit comment Napoléon recueil-
lait encore les fruits de l'excellente politique
de la monarchie française. Notre politique
avait consisté, pendant des siècles, à diviser
l'Allemagne, à émietter ses forces, à mettre ses

innombrables Etats dans notre dépendance financière, militaire et diplomatique autant que sous notre influence intellectuelle. Culture, civilisation, étaient en Allemagne le synonyme de France. Tout ce qui était français était donc certain d'être bien accueilli. C'est encore ce qui arriva à Napoléon et à ses armées. Loin de les regarder comme des envahisseurs barbares, c'est tout juste si les Allemands ne se sentaient pas honorés de leur présence. Les documents, fragments de mémoires et de lettres qu'a réunis M. Henri Albert sont caractéristiques à cet égard. Un peu pillés et houspillés par les soldats de Bonaparte, les gens de Weimar sont tout de même plutôt heureux, et même un peu fiers de « recevoir » des Français. Les troupes prussiennes, après leur passage et leur séjour dans le duché, durant les mois qui précédèrent la déroute, n'avaient laissé que de mauvais souvenirs. « Les chers Prussiens ne sont pas précisément les bienvenus », écrit Gœthe le 5 janvier. Les Français les remplacent après le 14 octobre. Ils commencent par envahir la maison de Gœthe, boivent son vin, lui prennent son lit, manquent même de l'assassiner. Gœthe est tiré de cette situation critique par la présence d'esprit de sa « petite amie » Christiane, —

une « petite amie » quadragénaire d'ailleurs et qu'il épousa peu après par reconnaissance. Malgré ces mésaventures, Gœthe est encore content. Il ne se plaint pas ; il est presque flatté d'avoir été battu par des Français. Eût-on un peu bousculé Christiane elle-même qu'il n'y aurait pas trouvé à redire. Il s'en serait presque senti honoré au fond du cœur. Il était tout à la joie d'être mêlé à des civilisés. On le voit préoccupé de leur faire bon accueil dans sa maison remise en ordre après le pillage. D'ailleurs, on sait qu'il est Gœthe, et par quelques égards les conquérants ajoutent encore aux bonnes dispositions du grand écrivain.

Le commandant de la place de Weimar avait été bien choisi. C'était un nommé Dentzel, originaire des pays rhénans, dont la carrière au service de la France fut bien remplie, et qui rendit, d'ailleurs, de grands services sous tous les régimes qu'il traversa et auxquels il montra un égal dévouement. Dentzel, dès son entrée en fonctions, s'empressa d'envoyer au grand homme le billet suivant : « L'adjudant général de l'état-« major impérial prie M. le conseiller Gœthe « d'être absolument tranquille. Le commandant « soussigné de la ville de Weimar, sur la « demande de M. le maréchal Lannes, et par

« égard pour le grand Gœthe, prendra toutes les
« mesures pour veiller à la sécurité de M. Gœthe
« et de votre maison. » Dès le 18 octobre, Dent-
zel entre en relations encore plus intimes avec
Gœthe. Il lui écrit : « Je crois rendre le plus
« grand service à M. le conseiller Gœthe en
« logeant chez lui comme hôte M. Denon, membre
« de l'Institut national et inspecteur général des
« beaux-arts et des musées. » Gœthe avait, en
effet, connu à Venise le délicat et lettré Vivant-
Denon. L'arrivée des Français lui permit ainsi
de renouer une liaison agréable. C'est un bien-
fait dont il fut reconnaissant à la conquête.

D'ailleurs, après Vivant-Denon, directeur des
musées impériaux, Gœthe se lia d'amitié avec
maint militaire français. Il n'était pas médio-
crement fier d'entrer dans la société de nos
illustres maréchaux. Quand il eut vu Napoléon
dans la rencontre célèbre et si souvent racontée, il
ne se posséda plus d'orgueil et de joie. Et toute sa
vie il se souvint avec fierté et ne manqua pas
une occasion de faire souvenir les autres de la
faveur que « le grand homme », son « protec-
teur », « son empereur », comme il le nommait,
lui avait témoignée.

Il se trouva quelques personnes pour trouver
que Gœthe manquait un peu de sens allemand

et de patriotisme germanique. Elles furent rares.
Le cas de Gœthe n'était pas unique ; tant de
Berlinois eux-mêmes allaient faire aussi bon
accueil que les gens de Weimar à nos soldats !
Le fait est que l'Allemagne de 1806 ne prit pas
Iéna pour une catastrophe nationale ; qu'elle
s'émut fort peu d'une défaite prussienne et que
Gœthe, le plus représentatif de tous les Alle-
mands, ne fut pas éloigné de se réjouir de l'inva-
sion étrangère. Au lendemain d'Iéna, il se marie,
il héberge les généraux français, il travaille à ses
livres et à sa *Théorie des couleurs*, avec sa pro-
verbiale sérénité : la tentative de pillage et d'as-
sassinat commise dans sa maison et sur sa per-
sonne n'a même pas le don de l'émouvoir. Il
conseille à ceux qui lui parlent de cet incident
de faire plus attention aux pandours indigènes
qu'aux pillards de la Grande Armée, laquelle a
de la discipline. Et quand, après un tour de pro-
menade dans Weimar, il constate que les jardins
publics ont seuls un peu souffert et qu'il suffira
de quelques heures de jardinage pour remettre
les pelouses en bon état, il se console sur-le-
champ d'Iéna et d'Auerstædt qui n'ont pas causé
plus de dommage. « Avec quelques petits tra-
« vaux, écrit Gœthe au duc Charles-Auguste, les
« traces du malheur seront réparées. » Cette

petite phrase résume très bien l'état d'esprit alle-
mand de 1806.

Deux ans après Iéna, en 1808, après l'entrevue
d'Erfurt, où Napoléon lui adressa son salut
fameux, Gœthe écrivait encore : « J'étudie main-
« tenant de nouveau à fond la plus ancienne
« littérature française pour pouvoir m'entretenir
« sérieusement avec les Français. Quelle civili-
« sation infinie avait déjà passé sur leur pays à
« une époque où nous autres Allemands, nous
« étions encore des gens grossiers. *L'Allemagne*
« *n'est rien* (1). »

Comment de cet abîme d'avilissement, de ce
renoncement des citoyens eux-mêmes, de cet
écrasement, de ce néant, de ce *rien*, l'Allemagne
devait-elle arriver à être tant, sinon à être tout?
Comment le réveil national de 1813 devait-il
suivre de si près la défaite et l'abdication de
1806 ? L'Allemagne unifiée, revenue à la con-
science d'elle-même, s'en rend compte aujour-
d'hui : c'est Iéna qui donna le grand ébranlement
précurseur d'un ordre de choses nouveau. Napo-
léon, achevant ce qu'avaient commencé la Révo-
lution et les idées révolutionnaires, eut l'impru-
dence de secouer et d'éveiller ce « corps germa-

____

(1) Voir l'appendice VI : *Quand il n'y avait pas d'Alle-
magne.*

nique » que jadis la politique française s'appliquait à endormir. Depuis la paix de Westphalie, tous les efforts de nos hommes d'Etat avaient tendu à rendre inoffensif le colosse d'outre-Rhin. C'était un ouvrage adroit et solide. Sans contrainte, sans violence, en nous faisant aimer au contraire, en nouant, à la suite d'une habile politique de protection et d'intervention, toute sorte de liens intellectuels et moraux, nous étions arrivés à neutraliser l'Allemagne. Des fautes comme le ravage du Palatinat avaient montré combien il était dangereux d'irriter la bonne bête teutonique et de soulever ses ressentiments.

Napoléon commit la faute immense d'exciter et de brutaliser la bête. Iéna est une belle victoire française, un grand fait de guerre, et il faudrait n'avoir jamais mis le pied en Allemagne pour nier le prestige que cet écrasement total de la Prusse vaut encore au nom français. La honte de Iéna balance toujours pour les Prussiens la gloire de Sedan. Et je crois qu'il y a avantage à ne pas trop oublier que les Français ont vu, un jour qui n'est pas si loin, l'aigle de Prusse tourner casaque, si l'on ose s'exprimer ainsi.

Cependant le mot de Bonald est juste et vrai : « Toutes les victoires de Napoléon sont au Muséum. » Il ne reste d'Iéna que la gloire et les trophées. Ou du moins il en reste les résultats, inverses de ceux qu'on attend ordinairement de la victoire. Iéna fut un inutile et dangereux triomphe en préparant le nationalisme allemand, en faisant naître un patriotisme inconnu jusqu'alors.

Bismarck, fondateur de l'unité allemande, a bien discerné le service que l'intervention napoléonienne rendit à l'œuvre des Hohenzollern. On pouvait croire que l'empereur avait à jamais anéanti la Prusse qu'il tenait sous sa botte, la dynastie dont il avait le pouvoir de renverser le trône. Au contraire, il ouvrait à la Prusse et à l'Allemagne des destins inespérés. Bismarck en a témoigné en prononçant ces paroles, le 31 octobre 1892, sur la place du marché d'Iéna :

« Sans l'effondrement du passé, le réveil du
« sentiment national allemand en pays prus-
« sien, de ce sentiment national qui tire son
« origine d'une époque de honte profonde et de
« domination étrangère, n'eût pas été possible. »

C'est la vraie morale politique du centenaire d'Iéna. Et les paroles de Bismarck seront singulièrement complétées par ce passage des mémoires d'un soldat de Napoléon. Le brave Marbot, excellent cavalier, vaillante estafette et grand donneur de coups de sabre, n'était pas une intelligence de premier ordre. Pourtant, muni de bon sens, il jugeait la politique de son maître et en mesurait toute l'imprudence. C'est donc Marbot, homme de cheval et de bivouac, qui écrivait ceci dans ses *Mémoires* :

« Quoique je fusse encore bien jeune à cette
« époque, je pensais que Napoléon commettait
« une grande faute en réduisant le nombre des
« petites principautés de l'Allemagne. En effet,
« dans les anciennes guerres contre la France,
« les huit cents princes des corps germaniques
« ne pouvaient agir ensemble... Au premier
« revers, les trente-deux souverains, s'étant
« entendus, se réunirent contre la France, et
« leur coalition avec la Russie renversa l'empe-
« reur Napoléon, qui fut ainsi puni pour n'avoir
« pas suivi l'ancienne politique des rois de
« France. »

Je crois qu'on ne peut pas mieux dire ni mieux résumer le résultat final de la brillante campagne de 1806.

II

LES LEÇONS D'IÉNA.

Il n'y a pas d'équivalence entre les deux célé-
brations qu'on a faites du centenaire d'Iéna en
Allemagne et en France. Là-bas, on mesurait le
chemin parcouru depuis les défaites, et surtout
on expliquait aux générations nouvelles que ce
n'est pas le hasard, mais de grandes volontés
servies par de bonnes institutions qui ont réussi
à relever l'Allemagne de la misère et de l'avilisse-
ment où elle était tombée. En France notre his-
toire est moins simple et moins claire. Les révo-
lutions, la rhétorique des partis, la succession
des régimes, l'habitude d'un langage rempli de
« nuées », rendent inconcevable pour la plupart
des Français la suite des événements du dix-
neuvième siècle. Pour eux les défaites succèdent
aux victoires, Waterloo sort d'Iéna et Sedan de
Solférino, sans lien, sans raison, par l'effet d'une
mystérieuse et pénible fatalité. Cependant quel-

ques écrivains patriotes ont tenté de tirer la philosophie et la leçon d'Iéna. C'est ainsi que M. Henri Welschinger a montré que la Prusse devait voir les causes de sa défaite dans le pacifisme prussien du commencement du dix-neuvième siècle, dans l'absence de toute préparation à la guerre, la faiblesse du commandement, le relâchement de la discipline, le mauvais état de l'armement, le défaut d'instruction militaire, résultats de cette illusion qu'un peuple est toujours libre de conserver la paix du moment qu'il ne veut pas se battre. M. Henry Bordeaux a rappelé le magnifique réveil de la conscience nationale en Prusse après Iéna, les efforts des patriotes pour relever le pays de ses ruines, l'initiative d'un intellectuel comme Fichte abandonnant ses spéculations philosophiques pour aller au devoir immédiat et, dans ses *Discours à la nation allemande*, prêtant le secours de sa pensée et de son éloquence aux efforts des militaires et des hommes d'Etat. Iéna reste la preuve historique qu'une grande défaite peut être l'école d'un peuple, le principe de sa régénération. Enfin un autre écrivain, Louis d'Hurcourt, est allé plus loin encore en montrant que la Prusse a donné un exemple que la France n'a pas suivi, car elle s'est remise à l'œuvre aussitôt après le désastre, mais sans rejeter aux calendes une revanche qu'elle prit dès 1813 et dont elle ne laissa pas le soin aux générations futures. On a trop dit, remarque fort justement M. d'Hurcourt, que la Prusse avait attendu soixante et soixante-quatre ans (c'est-à-dire Sadowa et Sedan) pour réparer sa défaite. C'était oublier volontairement Leipzig et Waterloo. Rejeter sur la deuxième ou troisième génération d'après une guerre le soin de venger ses vaincus et ses morts, équivaut pour un peuple à renoncer aux réparations et à la revanche. M. d'Hurcourt a dit cela en termes très forts, et qui auraient encore gagné à être appuyés de l'explication historique et politique du renoncement de la France, après un réveil d'énergie et de patriotisme qui égale bien celui de la Prusse après Iéna. Cette explication, on la trouve dans la nature du régime démocratique et républicain, régime du moindre effort, des velléités brèves et des courtes pensées.

On n'avait d'ailleurs pas attendu le centenaire pour tirer la leçon d'Iéna. Bismarck, nous venons de le voir, l'avait fait depuis longtemps, en saluant cette défaite prussienne, — largement rachetée depuis, — comme l'origine de la libération et de la renaissance allemandes. Mais nous avons aussi dans notre littérature historique et politique un grand ouvrage qui commente les enseignements d'Iéna. C'est celui que M. Godefroy Cavaignac écrivit entre 1890 et 1898 sur *la Formation de la Prusse contemporaine*. Patriote, mais républicain par tradition et par conviction (au moins jusque dans ces dernières années, croyons-nous), l'ancien ministre de la guerre s'était proposé de montrer dans son livre l'influence bienfaisante des idées de la Révolution française sur le *risorgimento* prussien. Sa thèse était que le désastre de 1806 marqua pour la Prusse la fin de l'ancien régime et des principes d'ancien régime, l'avènement d'un régime nouveau gouverné par les idées de 1789, et que de cette Révolution datèrent pour la Prusse sa grandeur et sa prospérité.

Godefroy Cavaignac, en soutenant cette thèse, unissait étroitement ses sentiments de patriote et ses sentiments de républicain. Il était de cette école qui croit au caractère national de la Révolution et qui voit dans les idées de 1789 un des titres d'honneur de la France. Il était aussi de cette respectable et honnête fraction du parti républicain qui se préoccupe de ne jamais séparer les principes démocratiques et libéraux du patriotisme. Aussi, en écrivant son histoire de la Prusse selon ce système, avait-il dessein

de montrer comment les idées de 1789 peuvent
servir à rendre un pays plus fort et mieux armé
pour ses revanches.

Godefroy Cavaignac se trompait évidemment
et il a peut-être assez vécu pour voir, par le dé-
veloppement parallèle de la France et de la
Prusse, en quoi. péchait son système. L'in-
fluence de la Révolution et des idées révolution-
naires sur les destinées de la Prusse n'est pas
niable. Mais elles n'ont pas agi comme le croyait
M. Cavaignac. Ce qu'il prend, dans la réorgani-
sation de la Prusse après Iéna, pour un retentis-
sement de ce qui s'était fait quinze ans plus tôt en
France, c'est tout simplement le passage de l'état
féodal à l'unité monarchique : c'est la restauration
de l'idée d'Etat, comme Louis XIII et Louis XIV,
las de l'anarchie féodale, l'avaient comprise. Stein
et Hardenberg, les grands ministres prussiens,
n'ont pas refondu la Prusse selon le système des
hommes de la Constituante ni de la Législative.
Ils ont bien plutôt fait pour leur pays ce que
pour le nôtre avait fait Richelieu, si l'on tient
compte de la diversité des lieux et des temps.
D'ailleurs, Godefroy Cavaignac, en scrupuleux
historien, ne manque pas de le constater : les
Allemands ne nous envient qu'avec modération
les immortels principes et nient, quant à eux,

toute imitation de la politique révolutionnaire.

Ce qui n'est pas niable, pourtant, c'est l'influence des idées de la Révolution sur les transformations de la Prusse et de l'Allemagne. Mais cette influence s'exerça au rebours de la thèse de Godefroy Cavaignac. Nos armées d'invasion, apportant avec elles les principes des Droits de l'Homme, donnaient naissance à cette question des nationalités, inconnue de l'ancienne Europe, et qui allait entraîner au dix-neuvième siècle des convulsions qui ne sont pas encore finies. C'est de la « libération des peuples », dont Napoléon fut le champion, que devait sortir l'unité allemande, comme plus tard l'unité italienne. La chute de l'ancien régime marqua la fin de cette politique prudente et sage, constamment suivie par la monarchie française, et qui avait consisté à endormir le colosse germanique, à le diviser, à l'affaiblir, à profiter des querelles religieuses, des divisions territoriales, des rivalités princières, du manque d'argent, de l'état arriéré de la civilisation. Les guerres de la Révolution et de l'Empire sont glorieuses. Il serait absurde de dédaigner le lustre qu'elles jettent sur la nation française. Mais en fait de résultat positif, elles ont eu celui d'unir ce qu'il fallait continuer à tenir divisé, d'éveiller ce qu'il eût mieux

7***

valu laisser dormir. Napoléon commit impru-
dences sur imprudences et non-sens sur non-
sens. Il ne profita même pas de ses victoires, ne
sut pas briser la dynastie des Hohenzollern ni
dépecer immédiatement son territoire quand, il
la tenait à sa discrétion. L'ouvrage des électeurs
de Brandebourg et du grand Frédéric pouvait être
anéanti après 1806. Or Napoléon se contenta de
le diminuer et d'humilier Frédéric-Guillaume.
Et, qui plus est, il forma, il arrondit de ses mains,
auprès de la Prusse, d'autres royaumes qui,
simplifiant le chaos germanique, devaient, le jour
venu, rendre plus facile l'unité. Telles sont les
véritables conséquences que porta la Révolution
en Allemagne.

Quant aux idées révolutionnaires en elles-
mêmes, les adhésions qu'elles avaient trouvées
en Prusse dans le tiers état, bien loin d'avoir
servi le pays, avaient au contraire, dans toute la
mesure où elles avaient agi, préparé la cata-
strophe de 1806. La Prusse se trouvait partagée
entre deux partis également hostiles au bien
public. D'une part les féodaux, qui, pour mainte-
nir leurs privilèges, ou même pour les restaurer
et les étendre en profitant de l'affaiblissement
du pouvoir royal, faisaient bon marché de la
patrie, de son unité, des nécessités militaires et

fiscales ; d'autre part le tiers état, qui trouvaitdans les principes égalitaires et libéraux de commodes prétextes de se soustraire aux obligations du service militaire et de l'impôt. Rarement vit-on plus bel exemple de pays en décomposition que la Prusse au début du dix-neuvième siècle. Les idées révolutionnaires tombant dans cette anarchie furent loin de rénover le pays. Elles furent conseillères d'abandon et de division. Elles furent tout à fait d'accord avec les tendances d'un roi timide, irrésolu, nullement porté à l'action. Elles déterminèrent une grande crise de pacifisme qui, comme toujours, tourna à la guerre, au désastre et à l'invasion.

Les rares Prussiens qui, avant 1806, conservaient du patriotisme et pressentaient les catastrophes, rendaient d'ailleurs responsables de tout le mal les « mensonges français ». Le mot est de Marwitz, un *Junker*, un hobereau, mais qui était de cette noblesse prussienne *frédéricienne*, militaire, fidèle au service, et non de la séditieuse noblesse féodale. Marwitz écrit dans ses *Mémoires* : « Les savants isolés, le tiers état « éclairé, avaient formé un puissant parti qui « entraînait après lui les mauvais et les faibles ; « l'armée même était divisée. Tout ce qui avait « séjourné dans les nouvelles provinces s'était

« familiarisé avec les mensonges français ; tout
« ce qui, mis en rapport avec le tiers état éclairé,
« s'était entiché des nouvelles doctrines, était
« devenu antibelliqueux et ne pouvait servir. »
D'ailleurs, quand Marwitz avait proposé aux Etats
de la Marche électorale une adresse au roi, qui
lui offrait les services, les biens et le sang de la
noblesse pour le salut de la patrie, il s'était
heurté à un refus. On ne l'avait même pas com-
pris. C'est pourquoi Godefroy Cavaignac résume
dans ce commentaire lumineux la situation :
« Quelle absence de ressort patriotique ces faits
« dénotent ! La froideur avec laquelle les Etats
« de la Marche accueillent les ouvertures de
« Marwitz est un trait caractéristique. La noblesse
« opprime et exploite le paysan ; elle n'est point
« un centre d'action et de vie locale ; perdue
« par l'étroitesse de caste et, en dernier lieu, par
« l'esprit de jouissance grossière, elle est fermée
« aux idées d'un patriotisme viril... Quant au
« tiers état, les tendance individualistes et idéa-
« listes, sympathiques encore en quelque mesure
« à la Révolution, à son œuvre, à la France,
« dominent l'Allemagne. *Elles ne préparent point*
« *le milieu éclairé à une action énergique* ».

Ainsi, ce qui fut battu à Iéna, c'est un pou-
voir royal affaibli, une aristocratie séparatiste,

un tiers état libéral. Les idées de la Révolution, comme le disait fort bien Godefroy Cavaignac, « ne préparent point à une action énergique ». Les hommes qui, après Iéna, entreprirent le relèvement de la Prusse réagirent en effet contre ces idées. Ce n'est pas sur les Droits de l'Homme, mais sur l'institution monarchique qu'ils songèrent à s'appuyer. Tout le mouvement politique et intellectuel qui suivit Iéna, finit par entraîner l'Allemagne entière, et aboutit à la formation de l'Empire, ne fut certes pas réactionnaire. La réaction, c'était la féodalité ennemie de l'unité nationale. Mais ce mouvement ne participa pas davantage de la Révolution ni de ses idées. Il réussit parce qu'il avait l'intérêt national pour guide et une dynastie pour instrument.

Voilà non pas la seule, mais la plus forte leçon d'Iéna, ou plutôt la grande leçon de toute l'histoire de Prusse. Mais il faudrait un livre pour la développer.

III

LA PRUSSE EN 1806.

Au lendemain d'Iéna et d'Auerstædt, Napoléon, deux fois vainqueur de la Prusse, frémissait de l'impatience d'arriver à Berlin. Les historiens disent que jamais il ne se montra plus fier d'une victoire ni plus orgueilleux d'afficher son triomphe. A Vienne même, il eut un langage moins dur et moins hautain, il fut moins théâtral et ne songea pas à jouer au César. De toutes les capitales où il fit son entrée, Berlin fut la seule où il tint à étaler sa gloire et sa force. Il se plut, dans des proclamations et des lettres fameuses, à insulter l'ennemi qu'il venait d'abattre. Il faisait sentir à ses soldats et au peuple français tout le prix d'une victoire qui vengeait à la fois Rosbach et le manifeste du duc de Brunswick. Celui-ci, grièvement blessé à Auerstædt, faisait demander à Napoléon d'épargner sa famille et ses sujets. — « Qu'aurait à dire, »

répondit l'empereur aux ambassadeurs du duc,
« qu'aurait à dire celui qui vous envoie si je
« faisais subir à la ville de Brunswick la sub-
« version dont il menaçait, il y quinze ans, la ca-
« pitale du grand peuple auquel je commande ? »

C'est à Berlin surtout, et dans cette campagne
de Prusse, que Napoléon Ier prit le langage et
l'attitude de soldat de la Révolution, tant il avait
conscience que c'étaient les idées révolution-
naires qui agissaient et paraissaient dans toutes
les phases de ce grand conflit.

Thiers lui-même, ce froid annaliste, si peu
curieux des idées et si peu soucieux des causes,
n'a pu s'empêcher de remarquer ce qu'a de sai-
sissant l'entrée du soldat qui représentait la
Révolution armée, dans les Etats du roi philo-
sophe, de ce grand Frédéric qui avait si impru-
demment allié à sa politique réaliste le goût de
l'*Encyclopédie*. Thiers écrit donc ceci :

« Napoléon arriva le 24 octobre au soir à
« Potsdam. Aussitôt il se mit à visiter la retraite
« du grand capitaine, du grand roi qui s'appelait
« le philosophe de *Sans-Souci*, et avec quelque
« raison, car il semblait porter le poids de l'épée
« et du sceptre avec une indifférence railleuse,
« se moquant de toutes les cours de l'Europe,
« on oserait même ajouter de ses peuples

« s'il n'avait mis tant de soin à les bien gou-
« verner. Napoléon parcourut le grand et le
« petit palais de Potsdam, se fit montrer les
« œuvres de Frédéric, toutes chargées des
« notes de Voltaire, chercha dans sa bibliothèque
« à reconnaître de quelles lectures se nourrissait
« ce grand esprit, puis alla voir dans l'église de
« Potsdam le modeste réduit où repose le fon-
« dateur de la Prusse... Frédéric et Napoléon se
« rencontraient ici d'une manière bien étrange !
« Le roi philosophe, qui, sans qu'il s'en doutât,
« s'était fait du haut du trône l'un des promo-
« teurs de la Révolution française, couché main-
« tenant dans son cercueil, recevait la visite
« du général de cette Révolution, devenu em-
« pereur, conquérant de Berlin et de Potsdam !
« Le vainqueur de Rosbach recevait la visite du
« vainqueur d'Iéna ! Quel spectacle ! Malheureu-
« sement ces retours de la fortune n'étaient pas
« les derniers. »

Thiers indique ici, approximativement au
moins, la philosophie et les causes profondes
des grands événements qu'il raconte. Dans la
mesure où, du fait de l'engouement de Frédé-
ric II, les idées révolutionnaires avaient pénétré le
peuple prussien, elles avaient exercé leurs dom-
mages ordinaires, préparé comme toujours la

désorganisation et la défaite. Mais lorsque la
Prusse se ressaisit, lorsqu'appuyée sur sa dy-
nastie nationale et rejetant ce que les patriotes
appelaient les « mensonges français », elle tra-
vailla à son relèvement et à son indépendance,
c'est elle qui l'emporta sur la politique insensée
du « général de la Révolution » et finit même par
avoir raison du génie militaire de Napoléon et
de la bravoure de nos armées. L'histoire ainsi
expliquée et d'une manière aussi sommaire
ressemble un peu trop peut-être à la morale
en action, où les méchants sont punis et les
bons récompensés. Mais il faut bien constater
que les choses se sont ainsi passées et que
les mêmes erreurs ont entraîné les mêmes
châtiments. Il faut bien constater encore que les
« retours de la fortune » dont parle Thiers s'ex-
pliquent ainsi et non d'aucune autre sorte.

C'est un fait que la période que les Allemands
appellent la période de l'*Aufklærung*, de la
« diffusion des lumières », c'est-à-dire de l'en-
gouement pour les idées de l'*Encyclopédie* et de
Rousseau, pour les principes libéraux et égali-
taires, avait complètement démoralisé la Prusse.
Il manquait à Frédéric II de croire à la véritable
influence de cette philosophie dont il s'amusait,
sans d'ailleurs en appliquer jamais les préceptes.

Ce jeu faillit compromettre toute son œuvre, ruiner sa monarchie et anéantir l'Etat prussien si péniblement constitué morceau à morceau, pièce à pièce, par ses tenaces et ambitieux souverains.

On put s'apercevoir des ravages qu'avaient exercés les idées nouvelles quand, après Iéna, les troupes françaises envahirent la Prusse. Les forteresses tombaient sans coup férir aux mains de nos soldats ; des centaines de prisonniers se laissaient garder par quelques hommes ; les autorités, la population, accueillaient l'envahisseur avec sympathie, presque avec empressement. N'était-on pas citoyens du monde ? La guerre n'était-elle pas chose abominable ? En attendant que les contributions militaires et la tyrannie de son administration rendissent son joug insupportable, Napoléon était acclamé par les vaincus. Les détails abondent sur la manière enthousiaste dont il fut accueilli à Berlin. Voici une page de Godefroy Cavaignac, dans sa *Formation de la Prusse contemporaine*, qui suffit à tout faire comprendre :

Dans une partie de la société de Berlin, l'influence des idées françaises du dix-huitième siècle paraissait avoir effacé jusqu'au sentiment de la nationalité. Il semblait que l'on vît déjà se former autour de l'occu-

pation française un parti français, qui n'avait du
reste qu'à continuer après Iéna les traditions de
Lombard, de ceux qui avaient dirigé jusqu'alors la
politique prussienne...

Les défections ne se comptaient plus. L'école litté-
raire allemande en offrait déjà d'éclatants exem-
ples. Hégel assistait dans l'indifférence à l'effondre-
ment de sa patrie et personnifiait en Napoléon
l' « âme du monde ». Le revirement le plus bruyant
fut celui de Jean de Müller. Le grand historien, si
répandu dans la société berlinoise, l'adversaire pas-
sionné de la domination française, qui avait rédigé
quelques semaines auparavant le mémoire adressé
à Frédéric-Guillaume III pour lui conseiller plus
d'énergie, se laissait séduire par quelques attentions
de Daru et par un entretien avec Napoléon. Il allait
passer au service du roi Jérôme.

Mais ce qui dut rassurer l'empereur, plus encore
que ces exemples éclatants et qui n'étaient pas nou-
veaux pour lui, de l'absence de tout sentiment na-
tional en Allemagne, ce fut la facilité avec laquelle
les fonctionnaires prussiens, ayant à leur tête le
ministre von Angern, lui prêtèrent le serment qu'il
exigeait d'eux : « Je jure, y était-il dit, d'exercer avec
la plus grande loyauté le pouvoir qui m'est confié
par S. M. l'empereur des Français et roi d'Italie,
et de l'employer exclusivement au maintien de
l'ordre et de la tranquillité publique, de contri-
buer de toutes mes forces à l'exécution des me-
sures qui me seront prescrites pour le service de
l'armée française, et de n'entretenir ni corres-
pondance ni communication aucune avec les

ennemis de celle-ci. Que Dieu me soit en aide ! »

L'ennemi, c'était le gouvernement national, et cependant personne ne refusa le serment.

Il y a peu de cas, dans l'histoire, d'une nation qui se soit aussi complètement abandonnée, qui ait aussi peu réagi après la défaite. Il ne faut pas oublier le prestige qui s'attachait alors en Allemagne à tout ce qui était français. LaFrance représentait la civilisation, les lumières et l'art. Elle tenait la première place dans la vie intellectuelle et politique des peuples. Il se passa en Prusse ce que nous avons déjà vu à Weimar, et avec Hegel et Jean de Muller ce que nous avons constaté pour Gœthe : la déférence et l'admiration pour les Français primèrent tout. Napoléon recueillait ainsi le fruit de deux cents ans de politique capétienne. Il n'en devait profiter que pour commettre cette imprudence d'éveiller le sentiment national allemand.

Qu'il dormait bien, en 1806, ce sentiment national ! Il était dans les limbes. Même dans la Prusse militaire et frédéricienne, le patriotisme était singulièrement assoupi. Les bourgeois de Berlin portaient à l'envi l'uniforme français de la garde nationale et leur zèle était si grand qu'on dut faire défense de le revêtir sans droit. Après tout, Frédéric II parlait et écrivait en français. Il avait fondé à Berlin une académie française. Le conseil le plus écouté de Frédéric-Guillaume III, Lombard, était français d'origine. Tout cela avait préparé les capitulations.

La Prusse livrée à elle-même, la Prusse comme nation était finie. Elle avait abdiqué son indépendance. Elle avait presque renoncé à elle-même. Les rares patriotes passionnés et prêts à risquer leur vie pour chasser l'étranger se heurtèrent, comme le major Schill, à l'indifférence générale. On les laissa fusiller sans protestation. La Prusse semblait perdue et résignée à son démembrement et à sa fin. Que lui restait-il d'où pût lui venir le salut ? Sa monarchie et la politique de Napoléon.

On ne peut pas dire que Frédéric-Guillaume III fût un grand roi ni un monarque national. L'histoire de son règne est instructive mais non pas belle. Pénétré autant que ses sujets des idées pacifistes, convaincu que, par des concessions et d'habiles diplomaties, on évite toutes les « affaires » et tous les dangers, Frédéric-Guillaume III fit preuve, en face de Napoléon, d'une humilité et d'une timidité qui ne devaient pourtant pas empêcher Iéna. Il est certain que le roi de Prusse fait mauvaise figure dans l'histoire. Sa faiblesse de caractère, sa médiocre intelligence, les lacunes de son esprit et de son cœur, ne s'accordaient que trop bien avec les tendances de ses sujets. C'est lui, cependant, c'est sa maison et l'institution qu'il représentait, qui formaient le seul point d'appui et de résistance. Si faible, si timide, si irrésolu qu'il se montrât, Frédéric-Guillaume n'allait pourtant pas jusqu'à accepter l'idée de son suicide L'instinct de vivre, l'intérêt vital et immédiat, l'emportèrent sur son naturel indolent. Ce ne fut jamais sans luttes qu'il se décida à renvoyer ses conseillers pour en prendre de plus énergiques, à adopter une attitude plus ferme en face des vainqueurs. Toute la famille royale, éclairée par son propre intérêt, avec la reine Louise, brave et clairvoyante, à sa tête, poussait le roi à sortir de son inertie, à adopter une politique plus nationale. C'est ainsi que, à force de concessions à son adversaire, Frédéric-Guillaume III en venait à une abdication presque complète quand il se ressaisit, et, dans le fameux conseil d'Osterode, le 21 novembre 1806 (date historique pour la Prusse), il décida de repousser les nouvelles exigences de Napoléon. Tous les historiens qui ont raconté cet événement ont dû reconnaître que c'est l'institution monarchique qui a sauvé la Prusse,

l'instinct de conservation dynastique qui a dicté
la résolution d'Osterode. Ranke a tout expliqué
en écrivant à ce sujet : « A coup sûr, Frédé-
« ric-Guillaume III ne peut être comparé ni au
« grand Électeur ni au grand Frédéric, ces deux
« héros. Mais devant ces propositions de Napo-
« léon, l'instinct de la maison de Brandebourg
« se réveilla en lui. » La médiocrité et les défauts
de Frédéric-Guillaume III n'étaient pas irrémé-
diables. Frédéric-Guillaume lui-même n'était
pas éternel. La maison dont il était le chef et qui
devait durer plus que lui le commandait. Réduit
à autant de territoire, ou à peu près, qu'en eut
jadis le roi de Bourges, le roi de Prusse, dans
sa misère, retrouva la force de s'opposer aux
dernières exigences du vainqueur. Contraint et
forcé sans doute, et sous la pression des évé-
nements, il fera quand même son devoir de roi.
C'est autour de lui que se grouperont les rares
patriotes qui restent encore en Prusse. C'est avec
lui que les Hardenberg, les Stein, les Scharnhorst,
referont leur patrie. Quelle admirable leçon
politique !

APPENDICES

APPENDICE PREMIER

Conseils de Bismarck à un Français.

Mgr Vallet a donné dans *le Correspondant* du 10 mars 1905 le récit d'une conversation qu'il eut l'heureuse chance de tenir avec Bismarck dans l'été de 1879, au cours d'une saison à Gastein, — une ville d'eaux où le sort de l'Europe moderne a été agité et décidé plus d'une fois pendant le XIXᵉ siècle. Bismarck préparait alors un changement de front dans sa politique religieuse. Il méditait de cesser le Kulturkampf et de s'accorder avec Rome, et il n'était pas fâché que le hasard de sa villégiature lui donnât l'occasion d'exposer ses intentions et ses idées devant un ecclésiastique dont la dignité l'assurait que ses paroles seraient comprises et rapportées en haut lieu. Bismarck, parlant de choses et d'autres, de l'état de l'Europe, des tendances de l'Allemagne, de l'avenir de la France, déclara tout à coup, avec

8*

cette brusquerie qui lui était propre, à son interlo-
cuteur qui venait de prononcer le nom de la Répu-
blique :

*Pour faire quelque chose la France, a besoin d'un gou-
vernement stable ; il lui faut une monarchie... Moi, si
j'étais Français, je serais carliste.*
    — *Carliste, pour le comte de Chambord ?*
    — *Oui, oui, c'est ce que je veux dire : légitimiste. Il
faut toujours défendre la Monarchie légitime.*

Mgr Vallet redit ces paroles telles qu'il les avait
entendues, et notées dès la conclusion de l'entretien,
afin de les faire connaître à Rome. On y retrouve la
voix, la pensée même de Bismarck. Quelle admi-
rable contre-épreuve ! Nous avions appris déjà, par
Bismarck lui-même, par ses affirmations et ses expli-
cations non déguisées, qu'il avait jugé meilleur
pour l'intérêt prussien que la France demeurât en
République. Mais il savait aussi se placer au point
de vue de l'intérêt français, lui dont toute l'activité
était au service de l'intérêt allemand. Et ce point de
vue-là était complémentaire de l'autre. Bismarck
avait vu si juste pour le bien de son pays et de son
œuvre, il avait si profondément calculé et comparé
les avantages que lui vaudrait une démocratie dans
la France vaincue, il y avait donné la main avec une
telle réflexion et une si nette conscience, qu'il était
capable de l'effort d'abstraction nécessaire pour se
mettre, si l'on veut bien pardonner l'expression,
dans la peau des Français et avouer que leur intérêt
voulait juste le contraire de ce qu'ils avaient adopté
sous sa contrainte. Le mot célèbre du duc de Broglie

accompagne et commente à merveille celui que rap-
porte Mgr Vallet : « Puisque M. de Bismarck trouve
que la République est une si bonne chose, que ne la
prend-il pour son pays ? »

Il semble qu'il soit difficile de conserver désormais
le moindre doute sur ce sujet. La clairvoyance de
Bismarck étant admise, son génie reconnu, sa haine
et sa crainte de la France peu niables, tous ses actes,
tous ses écrits, toutes ses paroles, touchant le régime
de notre pays, doivent au moins éveiller l'attention
des patriotes. Il est difficile d'être plus conséquent
avec soi-même que ne le fut Bismarck sur ce point.
Le témoignage de Mgr Vallet s'ajoute à toutes les
preuves que nous en possédions déjà.

Bismarck fit, d'ailleurs, d'autres déclarations, qui
ont leur intérêt, durant cet entretien avec l'éminent
ecclésiastique. Il lui parla surtout, comme nous
venons de le dire, de faire la paix avec les catho-
liques allemands. Il lui déclara avec une franchise
vraiment admirable et digne d'un grand politique :
« J'ai dit et on l'a beaucoup répété : Je n'irai pas à
« Canossa. Eh bien ! j'irai à Canossa, car je veux un
« Concordat. » Cela est d'un fort et qui ne craint pas
de se démentir lorsqu'il y a un grand intérêt en jeu.

Dans les paroles que Mgr Vallet a si heureuse-
ment transcrites, non seulement pour Rome, mais
aussi pour le public qui sait lire, Bismarck montre
bien qu'il a appris par l'expérience du gouvernement
et des hommes qu'un pouvoir sérieux et national, un
pouvoir monarchique doit toujours — quels que
soient ses convictions, ses préjugés, ses tendances,
ses origines même — finir par s'accorder avec le

catholicisme qui est le plus grand élément de conser-
vation et d'ordre des sociétés. Bismarck, luthérien,
faisait profession de haïr l'Eglise. Mais il avouait
qu'un homme d'Etat intelligent doit toujours s'en-
tendre avec Rome. Il disait à Mgr Vallet : « Je suis
« toujours prêt à traiter le Pape comme un souve-
« rain. Le Pape est un souverain. Il faut le traiter
« comme un monarque. J'accréditerai un ministre
« auprès de lui. Et le Pape accréditera quelqu'un
« auprès de mon maître. » Et il ajouta ces mots qui
prennent aujourd'hui toutes les apparences d'une
leçon : « Il faut d'abord un Concordat. » Et, ajoute
Mgr Vallet, « le prince savait à peu près par cœur
le texte de tous les Concordats. Il se mit à les
réciter ». Et cette récitation dura bien vingt mi-
nutes.

Citons encore de cette conversation historique
deux phrases qui ne dépareraient pas Machiavel et
qui caractérisent la politique et l'esprit de Bismarck.
Il se plaignait que le cardinal Nina lui eût demandé
de retirer les lois de mai, les plus persécutrices de
tout le Kulturkampf. « Nina, dit-il, n'est pas sérieux.
« Est-ce qu'on demande à un homme d'Etat de
« rapporter des lois qu'il a demandées au Parle-
« ment de son pays ? C'est la désuétude qui fait tom-
« ber les lois. Si moi, Bismarck, je dis qu'elles ne
« seront pas appliquées, est-ce que cela ne suffit
« pas ? Elles ne seront plus appliquées. » Et ceci,
sur l'usage qu'il convient de faire des constitutions
et le respect qu'il faut leur accorder : « A la mort
« de Colbert, votre grand roi, qu'on plaignait pour la
« perte d'un tel homme, répondait : « J'ai formé un

« Colbert, j'en formerai bien un autre. » — Eh bien,
« moi aussi, *si parva licet componere magnis*, je dis :
« J'ai donné une constitution à l'empire d'Allemagne
« pour la former ; si c'est nécessaire, je lui donne-
« rai une autre constitution pour la sauver. » Dans
cet orgueil, dans ce mépris, dans ce réalisme, se
révèle tout entier Bismarck.

APPENDICE II

Le duc de Broglie et M. de Gontaut-Biron.

Dans le numéro de la *Revue historique* que nous avons cité, M. Emile Bourgeois, qui n'a pas pardonné le 16 mai au duc de Broglie, tient à prouver que cet homme d'Etat réactionnaire n'est pas un historien digne de ce nom. Et, pour en faire la démonstration, il compare les *Souvenirs* de M. de Gontaut-Biron, parus en janvier 1906, au livre que le duc de Broglie avait écrit il y a une dizaine d'années sur la mission que remplit à Berlin notre premier ambassadeur après le traité de Francfort. Le duc de Broglie avait eu entre les mains, pour écrire son ouvrage, les notes de M. de Gontaut-Biron. Il les avait jointes à ses propres papiers et à ses propres souvenirs du ministère. Il est donc naturel que les deux ouvrages ne concordent pas sur tous les points de détail d'une manière parfaite. Il est naturel aussi que le duc de Broglie, grand lettré, accoutumé à l'art d'écrire, ait quelquefois ajouté au texte un peu rapide et sommaire, au texte d'homme d'affaires qui est celui de M. de Gon-

taut, quelques remarques d'ordre psychologique.
Doué de plus de sensibilité patriotique que M. Emile
Bourgeois, il se met quelquefois à la place de M. de
Gontaut, arrivant après nos désastres chez le vain-
queur, se trouvant isolé dans une ville ennemie,
dans une cour dont il ne connaît pas la langue,
devant un chancelier féroce et qui parle avec la
dureté et la brutalité d'un triomphateur. Sans doute
il serait exagéré de dire que la littérature qu'a faite
à ce sujet le duc de Broglie appartient au genre
sublime. Mais elle convient fort bien au sujet et elle
se trouve tout indiquée par les pages de ses *Souve-
nirs* où le vicomte de Gontaut-Biron a témoigné lui-
même d'une émotion facile à concevoir et à partager.

Il n'est pas malaisé à M. Emile Bourgeois de
triompher du duc de Broglie à l'aide de quelques
omissions ou erreurs de dates. Après quoi, il est
fort commode de dire que le duc de Broglie histo-
rien ne mérite aucune confiance, que son livre ne
vaut rien, que la thèse en est infirmée puisque la
date des dépêches n'y est pas toujours respectée.

Si le duc de Broglie et le vicomte de Gontaut ne
sont pas absolument d'accord sur quelques textes
ou quelques dates, — sujets où seules les archives du
quai d'Orsay et celles de la Wilhelmstrasse, et non
des livres imprimés, seraient à consulter, — le
ministre et l'ambassadeur s'entendent parfaitement
sur un point que les mémoires du prince de Hohen-
lohe sont encore venus confirmer et mettre en
lumière : à savoir que Thiers fut l'homme de gou-
vernement préféré de Bismarck après la guerre ; qu'il
fut, le mot n'est pas trop fort et on peut le dire sans

hésiter aujourd'hui, l'instrument de l'Allemagne pendant toute la période du relèvement français. Et même, ce que le duc de Broglie n'avait dit que par allusion académique, avec des pudeurs d'ancien adversaire, et exactement comme un homme qui se croit tenu à quelque ménagement pour un ancien confrère des Assemblées, toutes ces choses terribles pour la mémoire de M. Thiers, le vicomte de Gontaut-Biron les a dites avec la dernière netteté.

Or le critique de la *Revue historique* ayant dû choisir entre le duc de Broglie et le vicomte de Gontaut-Biron, puisqu'il corrigeait l'un à l'aide de l'autre, a été contraint d'affirmer que le second est absolument digne de foi. Concession dangereuse pour les républicains. M. Emile Bourgeois s'est si bien aperçu du danger qu'il y avait à authentiquer les *Souvenirs* de M. de Gontaut, qu'il se résout à aborder la difficulté de front, reproche purement et simplement au duc Broglie de n'avoir pas assez dit de quelle faveur M. Thiers jouissait à Berlin, *dans la crainte de trop le mettre en valeur*. Les ménagements, les égards du duc de Broglie sont bien récompensés! C'est d'ailleurs toujours ainsi que les timidités se payent en politique. M. Emile Bourgeois a eu beau jeu à renverser la situation. Il va jusqu'à faire grief au duc de Broglie de n'avoir pas dit « un mot des éloges très « accentués de la femme du prince impérial pour « M. Thiers, du plaisir de M. de Bismarck que « l'assemblée française ait refusé la démission de « M. Thiers... »

Même manœuvre pour les passages de ses dépêches où M. de Gontaut signalait l'inquiétude et la mauvaise humeur avec lesquelles les tentatives de restauration monarchique et la politique catholique de l'Assemblée étaient vues à Berlin. Devant cette attitude de l'Allemagne, le patriotisme devait faire un devoir à tout homme d'Etat français de renoncer et au roi et à la religion, conclut M. Emile Bourgeois. C'est tirer avec effronterie exactement le contraire de la moralité politique que comportent les menaces de Bismarck contre la monarchie, ses craintes à l'égard du catholicisme et de la coalition blanche, imminente en Europe après la guerre, sa préférence pour le régime républicain chez ses ennemis vaincus. C'est nier exactement aussi la leçon que tirait de ces événements M. de Gontaut lui-même lorsqu'il écrivait à son chef que l'opinion de Bismarck sur les affaires de France devrait être, pour tout bon Français, une raison suffisante de se tenir au point de vue opposé.

Mais tout ce qu'il nous importe de retenir, c'est l'exactitude affirmée et démontrée par la *Revue historique* des souvenirs d'ambassadeur de M. de Gontaut-Biron.

APPENDICE III

———

Jugement de Bismarck sur la mission de M. de Gontaut-Biron.

« Si, en France, après le traité de Francfort, un parti catholique, royaliste ou républicain, fût resté au pouvoir, il eût été difficile d'empêcher la guerre de recommencer. Car il eût alors été à craindre que les deux puissances que nous avions combattues, l'Autriche et la France, se rapprochassent l'une de l'autre sur le terrain commun du catholicisme pour nous attaquer. Et le fait qu'en Allemagne, comme en Italie, il ne manquait pas d'éléments chez qui le sentiment confessionnel l'emportait sur le sentiment national, aurait encore renforcé et encouragé cette alliance catholique. Aurions-nous pu, en face de cette alliance, trouver à notre tour des alliés ? Cela n'est pas sûr. En tout cas, il eût dépendu de la volonté de la France, en accédant à l'entente austro-française, d'en faire une coalition formidable, comme pendant la guerre de Sept Ans, ou bien de nous tenir à sa discrétion sous la menace diplomatique d'une pareille éventualité.

« Avec la restauration d'une monarchie catholique

en France, la tentation de prendre une revanche en commun avec l'Autriche serait devenue beaucoup plus forte. C'est pourquoi, estimant que tout ce qui était pour cette restauration était en même temps ennemi de l'intérêt allemand et de la paix, j'entrai en hostilités avec les représentants de cette idée. De là vinrent les difficultés auxquelles j'eus à faire face avec l'ancien ambassadeur de France Gontaut-Biron et notre ancien ambassadeur à Paris, le comte Harry Arnim. Le premier, qui était légitimiste et catholique, agissait dans le sens de son parti. Quant à l'autre, il spéculait sur les sympathies légitimistes de l'empereur pour discréditer ma politique et devenir mon successeur. Gontaut, habile et aimable diplomate de vieille famille, trouva des points de contact avec l'impératrice Augusta, d'une part dans la préférence que montrait cette princesse pour les éléments catholiques et pour le centre, avec qui le gouvernement était alors en lutte, d'autre part dans sa qualité de Français, qui était pour l'impératrice un titre de recommandation égal à la qualité d'Anglais. Les domestiques de Sa Majesté parlaient français. Son lecteur français, Gérard, entrait dans l'intimité de la famille impériale et voyait sa correspondance. Tout ce qui était étranger, à l'exception des Russes, avait pour l'impératrice le même attrait que pour tant de petits bourgeois allemands... Gontaut-Biron, qui en outre était de grande famille, n'eut donc pas de difficultés à prendre à la cour une influence qui par plus d'un canal parvenait jusqu'à la personne de l'empereur.

« Que l'impératrice, dans la personne de Gérard,

ait pris pour lecteur un agent secret du gouvernement français, c'est une énormité qui ne s'explique que par la confiance qu'avait acquise Gontaut à l'aide, à la fois, de son habileté et de l'appui d'une fraction de l'entourage catholique de Sa Majesté. Pour la politique française comme pour la situation de l'ambassadeur de France à Berlin, c'était évidemment un énorme avantage que de voir un homme comme Gérard dans la maison impériale...

« L'activité de Gontaut au service de la France ne se bornait pa à la sphère de Berlin. Il se rendit en 1875 à Pétersbourg pour préparer avec le prince Gortschakoff le coup de théâtre qui, à la veille de la visite du tsar Alexandre à Berlin, devait faire croire à l'univers que le tsar seul avait protégé la France désarmée contre une agression allemande... » (*Pensées et Souvenirs* du prince de Bismarck, II, xxvi, pp. 168 et s. — Ce chapitre est intitulé : *Intrigues*.)

Le cauchemar des coalitions (1).

« Le comte Schouvaloff avait tout à fait raison quand il me disait que l'idée des coalitions me donnait de mauvais rêves. Nous avions fait des guerres heureuses à deux grandes puissances européennes. Il s'agissait d'enlever au moins à l'un de ces deux puissants adversaires la tentation de prendre une revanche grâce à l'alliance de l'autre. Ce ne pouvait être la France, de l'avis de quiconque connaissait

(1) Sous-titre en français dans les *Pensées et Souvenirs* de Bismarck.

l'histoire et le caractère national français. Du moment qu'un traité de Reichstadt pouvait être conclu sans notre consentement et à notre insu, la vieille coalition de Kaunitz : France, Autriche, Russie, n'était pas non plus impossible, dès que les éléments qui lui étaient nécessaires et qui existaient à l'état latent en Autriche arriveraient au pouvoir dans ce pays. L'antique rivalité, l'antique aspiration à l'hégémonie allemande, fussent alors redevenues un facteur de la politique autrichienne qui pouvait trouver des points d'appui soit en France, comme il en avait été déjà question au temps de Beust et de la rencontre de Salzbourg, soit dans un rapprochement avec la Russie, tel qu'il était indiqué dans l'arrangement secret de Reichstadt. » (*Ibidem*, au chapitre xxix, intitulé *la Triplice*, p. 233.)

APPENDICE IV

L'enseignement de l'histoire contemporaine dans l'Université.

Un professeur d'histoire moderne à la Sorbonne, M. Ernest Denis, a publié cette année une *Histoire de la fondation de l'Empire allemand*. Il est singulièrement instructif de constater que l'auteur, qui se place au point de vue révolutionnaire, démocratique et anticlérical, pousse à leurs dernières conséquences les idées napoléoniennes et le principe des nationalités.

Eclairée par les catastrophes de 1870-71, l'élite intellectuelle de notre pays presque tout entière avait alors compris que nous venions de payer chèrement les erreurs du siècle. C'est pourquoi, imitant ces philosophes allemands qui après Iéna travaillèrent à exalter le patriotisme, à le fonder en raison et à préparer par là les revanches futures, les Renan, les Taine, les Fustel de Coulanges, conscients de la grandeur du rôle qui leur incombait, se consacrèrent à instruire et à redresser l'opinion française. Mais la République et son Université ne devaient pas tarder à rendre vain leur effort. Quinze ans après la guerre,le bel élan patriotique et national était égalé puis bientôt dépassé par le renouveau de la propagande démocratique, protestante, néo-kantienne. Le point de vue français, un moment occupé, fut encore une fois abandonné par nos historiens et par nos éducateurs. C'est M. Lavisse, par exemple, qui, dans l'introduction de ses *Essais sur l'Allemagne impériale*, écrivait des pages où le plus pur internationalisme se trouve déjà en puissance(1). L'unanimité qui s'était faite chez nous après le traité de Francfort était dès lors rompue. Aujourd'hui, les événements de 1870 sont ouvertement exposés et appréciés, dans leurs effets et dans leurs causes, par des historiens pour qui la France n'est rien de plus qu'un des facteurs de l'évolution universelle.

Le livre de M. Ernest Denis peut être considéré comme le type de cette sorte d'histoire morale et religieuse qui a passé de la Bible dans le protestantisme et du protestantisme dans l'Université de la République. M. Ernest Denis a raconté la formation de l'unité allemande dans un esprit purement idéaliste et mystique. M. Denis ne cache d'ailleurs ni ses

(1) « Avant de mépriser les espérances des socialistes « et les menaces des anarchistes, il faudrait d'abord leur « enlever leur raison d'être, et qui ne sait qu'ils en ont « une ? Elle est éclatante. *Déclarer la guerre à la guerre*, « réclamer le droit de vivre dans la paix et le travail, « déclamer contre les Etats d'aujourd'hui et la politique « homicide faite ou acceptée par les classes dirigeantes, « cela est un très beau thème et très redoutable. » M. Ernest Lavisse écrivait ces lignes en 1887.

procédés ni ses intentions. « Je ne me dissimule pas, « écrit-il dans son introduction, combien [ma] con- « ception de l'histoire s'éloigne de l'histoire dite « scientifique qui est aujourd'hui en faveur. » M. Denis écrit en effet l'histoire dans un dessein apologétique. Il s'agit pour lui de montrer que la Liberté, la Justice et le Progrès, dieux de la politique et des armées, combattent pour les bons, c'est-à-dire pour les puissances protestantes et libérales, contre les méchants, c'est-à-dire contre les puissances de catholicisme et de réaction. Ce n'est pas l'Autriche, ce n'est pas la France, qui ont été vaincues à Sadowa et à Sedan : c'est l'autocratie des Habsbourg et la tyrannie des Napoléon. Et leur véritable vainqueur, ce fut l'esprit de Luther et de Kant. Cet esprit-là amène immanquablement la victoire dans le camp qui l'a choisi. Sadowa et Sedan furent un châtiment. Mais la France des Droits de l'Homme, la France de la République a bien mérité de l'idéal. M. Denis prophétise à notre pays, en récompense d'un culte irréprochable pour les immortels principes, des réparations certaines. Sa foi est entière. Il sait que les choses se passeront ainsi. Sa religion l'en assure. « Après Rosbach, Valmy », écrit-il. La monarchie fut châtiée à Rosbach, mais la démocratie — *hoc signo vinces* — fut couronnée dans les Ardennes par une infaillible Providence. Ainsi concevait-on, ou à peu près, l'histoire *super flumina Babylonis*. Ainsi la conçoit M. Ernest Denis, professeur très contemporain d'histoire moderne à l'Université de Paris.

Il va sans dire après cela que l'intérêt de la France

est totalement étranger aux saintes écritures de
M. Ernest Denis. Ni science ni réalisme. Nous
sommes dans le domaine de la théologie pure. On
sent que ce professeur ne dit jamais « nous » en
parlant de la France que par un reste d'habitude.
Mais la notion de France n'existe pas en réalité pour
M. Denis. Il distingue, sur le sol français, des
catholiques, des bourgeois, des bureaucrates, des
prolétaires, de bons croyants de l'observance huma-
nitaire et des croyants plus tièdes. Mais la France,
il ne sait ce que c'est. A titre d'exemple, voici, à
propos de la guerre de 1866 et de Sadowa, la manière
dont M. le professeur Denis apprécie la victoire
prussienne et ses conséquences. Recherchant « les
causes de la catastrophe », il écarte d'abord la res-
ponsabilité personnelle (maladresse, hésitation,
maladie) de Napoléon III. Ces causes pour lui sont
toutes morales. La France, dans cette affaire, fut
punie de n'avoir pas soutenu assez franchement le
droit des peuples. Donc, ces causes, dit M. Denis,
« il convient de les chercher dans l'évolution
« entière de la France nouvelle qui, tiraillée entre
« des tendances contradictoires, ne parvenait pas à
« opter entre la politique du passé et celle de
« l'avenir, entre les traditions conservatrices et
« l'optimisme révolutionnaire, entre les défenseurs
« de l équilibre européen et les prophètes des natio-
« nalités. Les diplomates de carrière, dont Thiers fut
« à cette époque le porte-parole, demandaient que
« l'on maintînt les traités de Vienne qui, s'ils nous
« avaient enlevé les conquêtes de la Révolution,
« garantissaient notre sécurité en établissant sur

« nos frontières des petits Etats, divisés et contenus
« par leur ambition réciproque : il suffisait d'un
« geste, moins encore, d'une volonté d'abstention
« nettement formulée, pour arrêter les fracas des
« convoitises qui s'agitaient autour de nous... Les
« jeunes gens, les démocrates, les représentants des
« doctrines humanitaires qui avaient préparé la
« révolution de 1848 rougissaient de ces calculs mes-
« quins. Fallait-il imposer à la France le rôle qui
« avait jadis discrédité l'Autriche ? Le pays qui
« avait proclamé le premier le droit des peuples
« deviendrait le garde-chiourme des nations et
« n'aspirerait à d'autre gloire que celle de continuer
« la Sainte-Alliance ! Qu'il aidât au contraire les
« esclaves à briser leurs chaînes, et il trouverait
« dans leur reconnaissance une garantie plus sûre
« que dans les calculs mesquins des gouverne-
« ments ; les nations satisfaites oublieraient leurs
« rancunes, et une ère nouvelle de paix et de travail
« fécond s'ouvrirait sous l'hégémonie morale de la
« France. — *Générosité téméraire et magnanime qui*
« *aurait peut-être réussi si elle avait été suivie avec*
« *une persévérante loyauté et sans arrière-pensée.* »
On voit que, depuis Edgar Quinet, la religion
humanitaire s'est perfectionnée. Quinet voulait que
la France fût « le Christ des nations ». M. Denis
ajoute que c'est aussi le moyen de réussir et que les
pures intentions morales, le sacrifice sans réticence,
ne donnent pas seulement la gloire et la palme du
martyre, mais encore le succès.

Il est vrai que l'on se demande ce que M. Denis
ferait du succès lui-même. Nous avons dit qu'il ne

s'intéresse pas à la France. La preuve en est qu'après
avoir résumé le grand discours prophétique de
Thiers du 3 mai 1866, il nie que Thiers exprimât à
ce moment autre chose que « les inquiétudes de la
bourgeoisie traditionaliste ». En d'autres termes, le
patriotisme est affaire de bourgeois et de réaction-
naires. La France démocratique est affranchie de
leurs inquiétudes. Ces vils intérêts matériels et poli-
tiques ne l'occupent pas. On reconnaît ici la théorie
de la guerre des classes, la théorie de M. Gustave
Hervé.

C'est la même théorie, mais avec le ton cagot en
plus. Car M. Ernest Denis se soucie encore moins
du prolétariat que de l'idéal, de la moralité supé-
rieure de l'humanité et du sens mystique de l'his-
toire universelle. Les intentions l'intéressent plus
que tout. Avec la patience, le scrupule et l'habileté
du Torquemada romantique, il cherche au fond des
consciences les tares et les impuretés. Il y a un bel
exemple de cet esprit casuistique et inquisitorial dans
le parallèle qu'il établit entre l'âme autrichienne et
l'âme prussienne.

Pour M. Denis, ce n'est ni la politique de Bis-
marck ni l'effort héréditaire des Hohenzollen, ce
n'est ni le fusil Dreyse ni la stratégie de Moltke qui
ont décidé de la victoire à Sadowa. C'est le protes-
tantisme, la liberté de conscience et l'individualisme
qui sont vainqueurs de Rome, du catholicisme et
du principe d'autorité, « c'est Luther et Kant qui
« l'emportent définitivement sur Canisius et Lamor-
« main. »

Mais le luthéranisme et le kantisme de la Prusse

ne satisfont pas encore complètement M. Denis. Il
y découvre des lacunes et des scories. M. Ernest
Denis, se voyant dans l'impossibilité de nier que
les institutions monarchiques de la Prusse, la dis-
cipline de ses armées, son bon armement, son
entraînement et son patriotisme intense aient fait
pour la victoire au moins autant que Kant et que
Luther se garde bien de ne pas tenir compte de ces
éléments-là. Ainsi le Loriquet de la légende, dont il
s'égaye à ses heures, n'avait pas l'imprudence de
mettre en doute que Bonaparte eût existé. Seule-
ment il arrangeait la vie de Bonaparte à sa manière.
M. Denis en use d'une façon encore plus subtile
avec les gênantes réalités de l'histoire. Sans doute,
dit-il, la Prusse avait une monarchie réactionnaire,
un ministre machiavélique, un caporalisme étroit,
un « chauvinisme inférieur ». Mais tout cela, qui,
sans doute, engendre les vertus guerrières, « suppose
« d'ordinaire d'assez graves imperfections morales,
« la dureté, le mépris du faible et du vaincu, l'hypo-
« crisie aussi ». Dès lors, les « imperfections morales »
étant, dans la mythologie de notre professeur, ce
qui fait échouer les plans des diplomates et battre
les armées, il faut admettre que c'est en dépit de ces
imperfections que la Prusse a été victorieuse, et que
l'éternelle justice a passé condamnation sur elles,
en faveur de l'excellence de la cause prussienne —
celle de Luther et de Kant.

M. Ernest Denis, républicain très avancé, ne
reproche qu'une chose à la politique étrangère de
Napoléon III : c'est de n'avoir pas assez hardiment,
de n'avoir pas intégralement appliqué le principe des

nationalités. Il fallait que de ses mains, et au besoin du sang de ses soldats, la France aidât à la naissance de l'unité allemande comme elle avait aidé l'unité italienne. Il fallait jusqu'au bout, et quoi qu'il en pût coûter, faire triompher « le droit des peuples ». Napoléon III nous a entraînés dans sa catastrophe parce qu'il n'est pas allé assez loin dans la politique révolutionnaire et napoléonienne. C'est de l'idéalisme exaspéré, c'est du fanatisme. Mais c'est exactement conforme à l'esprit du testament de Sainte-Hélène comme à la thèse de M. Emile Ollivier.

APPENDICE V

Livre d'un disciple de M. Ranc sur les « responsabilités de 1870 ».

Lancée par M. Emile Ollivier dans l'été de 1906, en pleine lutte religieuse, la question du pouvoir temporel et de ses conséquences sur les événements de 1870 n'a plus été abandonnée. Elle venait à point pour servir les vues de l'anticléricalisme et seconder contre l'Eglise et les « fonctionnaires de l'étranger » la campagne de M. Clemenceau et d'une certaine presse qui s'était découvert tout à coup un nationalisme intransigeant. Aussi un écrivain de gauche, M. Henri Genevois, s'est-il empressé de donner une édition nouvelle et mise au point d'un ouvrage sur les « responsabilités générales » des événements de 1870-71 et qui est, à la fois, une apologie du gouvernement de la défense nationale et de son œuvre, et un pamphlet contre les conservateurs et la politique traditionnelle de la France. Il est intéressant de parcourir ce livre, dont le patriotisme particulier est mis sous le patronage de M. Ranc. Nous ne rétablirons pas à son sujet les vérités et les réalités d'ordre historique et politique qui sont maintenant claire-

ment établies dans la question des alliances de 1870.
L'ouvrage du disciple, ami et protégé de M. Ranc,
est un ouvrage de polémique. C'est à ce seul titre
qu'on peut l'examiner.

La thèse est simple : ce qui a perdu la France,
c'est son dévouement aux intérêts de Rome, c'est de
n'avoir pas assez fait pour l'unité italienne. Un peu
plus de sacrifices à l'Italie, et nous avions à jamais
une alliance indéfectible. De 1849 à 1870, tout ce
qui s'est fait pour l'Italie s'est fait pour la France,
tout ce qui s'est fait pour le Saint-Siège s'est fait
contre la France. La première expédition de Rome
en 1849 ce fut « le premier acte de ce drame histo-
« rique : *la Trahison de la France au profit de l'Eglise,*
« dont le traité de Francfort fut l'épilogue, — et
« dont la séparation de l'Eglise et de l'Etat est la
« sanction tardive. Aboutissement fatal, longtemps
« attendu par tous ceux qui croient à cette injustice
« immanente qui sort des choses. » On voit l'actua-
lité de la thèse : la séparation est ainsi présentée
comme une réparation nationale, le châtiment du
tort que la protection de l'indépendance du Saint-
Siège a causé à la patrie.

Il est curieux d'observer que le point de vue
auquel se placent les écrivains et les publicistes de
l'opinion de M. Henri Genevois dans leurs juge-
ments sur le second Empire n'est plus tout à fait
celui des jours héroïques de l'opposition. Le Deux-
Décembre est sans doute un crime abominable.
Mais on en parle moins. La rhétorique des *Châti-*
ments n'a plus cours. On n'accable plus la mémoire
de Badinguet des souvenirs du coup d'Etat. Napo-

léon III est devenu presque sympathique aux républicains. Ils retrouvent en lui la plupart de leurs principes et de leurs idées. Ils ne sont pas loin de l'appeler, comme M. Jean Guétary, « un grand méconnu ». Napoléon III était démocrate, révolutionnaire, socialiste. Il avait écrit *l'Extinction du paupérisme* et il était d'avis que, pour les riches, l'impôt est le meilleur des placements. Il n'y a rien à reprendre dans sa littérature. Son tort, son vrai tort n'est même pas d'avoir été dictateur et César : c'est d'être tombé, vers la fin de son règne, sous l'influence de l'impératrice, de n'avoir pas persévéré dans sa politique de gauche, d'avoir abandonné le principe des nationalités, la cause de l'unité italienne et de l'unité allemande, de s'être fait dans une certaine mesure le protecteur du catholicisme. Par un détour vraiment admirable, M. Henri Genevois plaint et même il excuse Napoléon III de s'être laissé endoctriner par le cléricalisme. C'est l'impératrice Eugénie, « l'Espagnole » comme il dit, qui est rendue responsable de tout le mal.

Il est bien vrai que si l'impératrice eut, comme on l'affirme, une politique personnelle, c'était la vraie politique traditionnelle de la France Seulement elle fut inaugurée trop tard, quand les plus grosses fautes, les fautes irréparables, étaient commises, quand Sadowa était un fait accompli. Si l'impératrice a dit et a fait tout ce dont aujourd'hui on l'accuse, c'est elle qui a vu clair. On a raconté bien des fois que l'impératrice était légitimiste. On connaît le mot du duc de Morny qu'Alphonse Daudet, alors jeune homme et qui lui servait de secrétaire, voulait

quitter sous prétexte qu'il était royaliste : « Qu'est-
ce que cela fait, repartit tranquillement Morny,
l'impératrice l'est bien ! » M. Henri Genevois, qui
ne manque pas de citer de nouveau cette anecdote,
ajoute ceci : « L'impératrice avait repris un projet
« de la restauration et s'était mis en tête de faire
« canoniser Louis XVI et Marie-Antoinette. La
« femme de Napoléon III voulait reprendre l'œuvre
« des Bourbons... » Plût au ciel qu'elle y eût réussi
plus complètement et plus tôt et que son influence
eût toujours été assez forte pour empêcher les fautes
qu'elle voyait commettre et qui révoltaient son senti-
ment conservateur. Alors que l'empereur et avec
lui toute l'opinion libérale s'engouaient follement
pour l'idée de l'Italie une, l'« Espagnole » voyait
plus juste que tous les Havin et tous les Guéroult.
Le catholicisme fut pour elle un bon inspirateur
dans cette circonstance. Et si son ascendant avait
pu l'emporter sur les chimères de Napoléon III, sur
la pression des libéraux, sur les engagements pris
à l'égard des révolutionnaires italiens, peut-être la
funeste campagne de 1859 n'aurait-elle pas eu lieu.
Et que de conséquences désastreuses eussent été
évitées ! Du moins fit-elle tout son possible pour
empêcher la reconnaissance du royaume d'Italie.
Imbert de Saint-Amand, dans son livre sur *le Règne
de Napoléon III*, a raconté cette scène qui, si elle est
vraie, est à l'honneur de la souveraine :

« Cavour venait de mourir. Un conseil des mi-
« nistres se tenait au palais de Fontainebleau. L'im-
« pératrice y assistait. — M. le ministre, dit le
« souverain à M. Thouvenel, veuillez, je vous prie,

« renseigner le conseil sur l'état de nos relations
« avec l'Italie. — Le ministre tira de son porte-
« feuille et se mit à lire le rapport concluant à la
« reconnaissance du nouveau royaume. Au milieu
« de la lecture, la souveraine se leva brusquement,
« avec les signes d'une violente agitation. Des
« larmes jaillissaient de ses yeux. Elle quitta la
« salle reconduite par le maréchal Vaillant, sur la
« prière de l'empereur ».

En face de cette scène, M. Henri Genevois en
place une autre qui fait pendant. Elle est rapportée
par le sceptique Mérimée dans une lettre à Panizzi.
« Il y a quelques jours », raconte Mérimée le
11 juillet 1862, « la princesse Mathilde avait eu
« l'imprudence d'aller à la messe à Saint-Gratien, où
« elle a une maison de campagne. Le curé s'est
« avisé de faire une prière improvisée pour que le
« bon Dieu ouvrît les yeux des grands de la terre et
« leur inspirât de ne plus persécuter le vicaire de
« Jésus-Christ. La princesse s'est levée furieuse et
« est sortie de l'église sur-le-champ. »

Le rapprochement est piquant. Et l'événement a
montré depuis laquelle avait raison de l'impératrice
Eugénie ou de la princesse Mathilde. L'une avait
réagi en catholique, l'autre en pure « napoléonienne ».
Et c'est la première qui voyait en même temps l'in-
térêt de la France. Ses larmes, tout Français clair-
voyant eût dû les verser, quand fut reconnu le royaume
d'Italie. N'était-ce pas Proudhon lui-même, peu
suspect de cléricalisme, qui annonçait les malheurs
que nous amènerait l'unité italienne, qui nous mena-
çait de l ingratitude prochaine de la nouvelle nation?

Autant que l'impératrice, Proudhon était opposé à la reconnaissance du royaume de Victor-Emmanuel. Il accusait la presse française de manquer de patriotisme. Il demandait ironiquement si « les « suffrages du *Siècle*, de *l'Opinion nationale*, de *la* « *Presse*, du *Temps* peut-être et des *Débats* valaient « les trois cents évêques venus à Rome des cinq « parties du monde qui votèrent dernièrement « l'adresse au Saint-Père ». Et dans cette courageuse et historique brochure qui s'appelle *la Fédération et l'unité en Italie*, et qu'on pourra toujours utilement opposer à la thèse anticléricale sur la question italienne, il écrivait encore ces lignes prophétiques : « Des faiseurs d'amplifications croient « avoir tout dit quand ils ont parlé des *races latines !* « Ignorent-ils ou feignent-ils d'ignorer que les Etats « les plus antagoniques sont justement les Etats « limitrophes, et les nations les moins faites pour « s'unir celles qui se ressemblent le plus ? En poli- « tique nos ennemis sont nos *voisins :* cet axiome est « aussi sûr que pas un de Machiavel. En 1854, « l'Autriche a étonné le monde par son ingratitude « envers la Russie, sa bienfaitrice : c'est que l'Au- « triche, pour les trois quarts de sa population, est, « comme la Russie, un empire slave, et que si ces « deux grands Etats ont des intérêts semblables, « précisément pour cela ils sont contraires. Fallait- « il nous donner à nous-mêmes le régal de l'ingrati- « tude italienne ? Certes, elle n'a pas attendu, pour « se produire, que l'unité fût formée. Elle éclate « tous les jours, depuis quatre ans, dans les impré- « cations des tribunaux, dans les articles des jour

« naux, et jusque dans les protestations d'amour et
« de reconnaissance adressées par le parlement de
« Turin à Napoléon III. »

Proudhon avait, pour exprimer sa pensée, sa dialectique et sa verve. L'impératrice n'avait que des larmes, des nerfs et des intrigues de femme. La « camarilla semi-bonapartiste et semi-jacobine », comme la définissait si bien Proudhon lui-même, l'emporta : elle flattait à la fois l'erreur de l'opinion et la chimère de l'empereur. Mais c'étaient le philosophe indépendant et l'impératrice espagnole, avec ce que le pays gardait de patriotes intelligents et de purs traditionnels, qui avaient discerné où se trouvait l'intérêt de la France et qui l'avaient défendu.

APPENDICE VI

———

Quand il n'y avait pas d'Allemagne.

Une curieuse dispute s'est élevée en juillet 1906 entre *le Messager d'Alsace-Lorraine*, organe de la tradition alsacienne de fidélité par goût et par choix à la France, et la *Strassburger Post*, organe de la germanisation et de l'Empire.

Un rédacteur hambourgeois de ce journal officiel du statthalter a découvert qu'Edmond About, dans un roman intitulé *Madelon* et paru avant la guerre, nomme les Alsaciens des « Allemands ». Il reste étonné et joyeux de sa trouvaille. Et il demande avec insistance aux annexés ce qu'ils en pensent. — N'est-ce pas, leur fait-il observer, l'aveu que les Français eux-mêmes n'ont jamais considéré l'Alsace comme terre française ? la justification des prétentions allemandes sur la rive gauche du Rhin ? l'excuse et la raison d'être de la guerre de 1870 et du traité de Francfort ? En vous annexant à l'Empire, nous vous traitions comme des frères égarés et vous répondiez : « Nous ne sommes pas du tout vos frères. » Vous l'étiez si bien que ces compatriotes français que vous faites profession de chérir si fort vous regardaient eux-mêmes comme des étrangers, comme des Allemands. Qu'avez-vous à répondre à cela ?

Le Messager d'Alsace-Lorraine a répondu très bien, très vite, très aisément.

Qu'Edmond About, rétorque-t-il à l'écrivain de Hambourg, ait nommé les Alsaciens des Allemands, que d'autres l'aient fait comme lui, que les compatriotes de Kléber eux-mêmes aient pris ce nom, cela ne prouve absolument rien en faveur de votre thèse et ne comporte pas les conséquences que vous en tirez. Il y a seulement trente-six ans, au mois de juillet 1870, *il n'y avait pas d'Allemagne*. L'Allemagne n'existait pas pour les chancelleries d'Europe qui ne connaissaient que la Prusse, la Saxe, la Bavière, le Wurtemberg et une vingtaine de menus Etats. Le mot *allemand* (1) avait un sens en géographie, en ethnographie, en linguistique, en littérature, comme les mots scandinave, slave ou celte aujourd'hui. Mais il n'en avait aucun en politique. Edmond About disait très naturellement des Alsaciens que c'étaient des Allemands, et il les nommait ainsi dans ses livres, comme M. Pierre Loti appelle Ramuntcho un Basque et M. Emmanuel Delbousquet ses personnages des Catalans. Personne n'a jamais songé à nier que le dialecte alsacien fût un idiome germanique, ni que les Francs, les Alamans, les Burgondes et les Ripuaires fussent des tribus d'outre-Rhin. Vous embrouillez de mauvaise foi les

______

(1) Allemand, c'est *All man*, et l'on désigna ainsi dans le monde barbare de l'antiquité un ramassis de Germains sans origines certaines.

faits et les dates et vous confondez le domaine de la politique et celui de la littérature. Soyez certain que depuis le traité de Francfort personne en France ni en Alsace ne songe plus à nommer les Alsaciens des Allemands, car le mot allemand revêt un sens nouveau, celui de participant de votre communauté nouvelle et de fraîche date, où les annexés ne sont entrés que par violence et contre leur vœu.

Mais *le Messager d'Alsace-Lorraine* va plus loin. S'il explique le mot dont s'est servi About, il ne partage ni n'excuse l'état d'esprit dont cette expression témoigne chez l'écrivain libéral du second Empire.

Dans ce roman de *Madelon*, Edmond About parlait, comme d'une chose fort risible et matière à plaisanterie d'un certain Mathias von Teufelsschwanz, prince de la confédération germanique, qui projette de partir en guerre contre l'ennemi héréditaire et de lui reprendre l'Alsace. Il va sans dire que, l'ironie n'étant pas précisément le fait des gens de Hambourg, le correspondant de la *Strassburger Post* ne comprend rien à cette fantaisie dans la manière de *la Grande-Duchesse de Gerolstein* et qu'il y voit une nouvelle reconnaissance des droits de l'Allemagne et des torts de la France. Ici encore *le Messager*, après avoir fait justice du contresens, n'a pas eu de peine à répondre. Et sa réponse dépasse ses contradicteurs et va fort loin.

Quand About mettait en scène le personnage ridicule de Mathias von Teufelsschwanz (littéralement Mathias *qui tire le diable par la queue*), il traduisait l'opinion libérale, remplie de tendresse pour le peuple allemand, les idées allemandes, la sentimen-

talité germanique, mais accoutumée à traiter par le
mépris et la dérision les princes et les gouverne-
ments réduits à l'impuissance durant tout le siècle.
« Les *espoirs allemands* », dit *le Messager*, « parais-
« saient alors tellement chimériques, que, pour des
« hommes comme About, ils ne pouvaient être que
« l'objet de plaisanteries. Par frivolité, par négli-
« gence, par une coupable présomption nationale
« (*ajoutons : par aveuglement libéral*) le protégé de
« Napoléon III, ainsi que la plupart des Français de
« la fin du second Empire, négligeait d'accorder de
« l'importance à ce qui se passait outre-Rhin. Le
« malheureux ne se doutait pas que Mathias von
« Teufelsschwanz n'était pas une fiction, que, loin
« d'être ridicule, il avait toutes les capacités d'un
« grand prince et qu'il s'appelait en réalité Guillau-
« me Ier. Personne alors, à de rares exceptions
« près, ne croyait au réveil national des Germanies.
« Qui donc pouvait se douter que le vieil esprit de
« conquêtes et de rapines du Saint-Empire n'était
« pas à jamais disparu ? On avait foi en l'Allemagne
« rêveuse et mystique tant prônée par Mme de Staël,
« et tous les efforts vers la force et l'unité sem-
« blaient être les soubresauts de l'impuissance. Un
« peuple de penseurs et de poètes : cette folie était
« enracinée dans tous les cerveaux. Renan y croyait,
« Taine y croyait. Les écrivains de la *Revue germa-*
« *nique* en avaient fait un *Credo*. Qui donc aurait pu
« s'attendre au sanglant démenti de 1870 ? »

Le Messager fait toucher ici du doigt la grande
illusion libérale, romantique, révolutionnaire, qui
eut son point de départ avec Mme de Staël et fut

représentée jusque sur le trône par Napoléon III.
La politique des nationalités se rattache étroitement
à la littérature romantique. Il y a un lien entre
Magenta et *Corinne*. Il y en a un entre Sadowa,
Sedan et le livre *De l'Allemagne*. On croyait, on
voulait croire à la vertueuse, à la philosophique Ger-
manie. Pourtant n'est-ce pas Gœthe lui-même qui
disait, précisément après avoir lu l'ouvrage de
Mme de Staël, que les Français avaient tort de trop
compter sur la candeur allemande ? C'est de la can-
deur française qu'il eût bien mieux valu parler. Aussi
Gœthe en plaisantait-il, non sans lourdeur : « Ils ne
consolideront pas leur coffre-fort, disait-il en par-
lant de nous, et on le leur volera. » Ce qui s'est
accompli à la lettre. Et il ajoutait, ce grand connais-
seur et bon juge de ses compatriotes : « Mais si l'on
veut apprendre à connaître la malhonnêteté des
Allemands dans toute son étendue, il faut se tenir au
courant de leur littérature. » Mme de Staël et ses
successeurs, qui croyaient la connaître, ne l'avaient
jamais lue qu'avec les yeux de la foi, de la tendresse
et de l'illusion. De là l'origine de tant de catastrophes.
De là cette incapacité de voir, de comprendre et de
prévoir qui entraîna les conséquences trop connues
que résume fort bien *le Messager d'Alsace-Lorraine*,
sans craindre de raviver le chagrin de ses amis et
de ses lecteurs par l'évocation des fautes commises
et des occasions perdues :

« Si l'on avait été capable de prévoir les événe-
« ments, aurait-on attendu qu'il fût trop tard ?
« Entre 1830 et 1866, vingt occasions eussent été
« bonnes pour arrêter les efforts allemands. En

« 1866 encore, et même après Sadowa, — Bismarck
« lui-même en a fait l'aveu, — 50.000 hommes
« faisant une démonstration sur le Rhin auraient
« suffi à paralyser la Prusse. Six mois après, il
« était trop tard. La face de l'Europe allait changer.

« Ce pauvre bonhomme d'About ne comprit tout
« cela que quand on le chassa de Saverne. Ses
« domestiques *allemands*, ses braves paysans *alle-*
« *mands*, à qui il serrait la main étaient, pour les
« nationalistes d'outre-Rhin, des frères reconquis.
« About devait écrire *Alsace*. Cela suffira-t-il pour
« l'excuser d'avoir, dans *Madelon*, ignoré que la
« montée de la nouvelle Allemagne se préparait ? »

Voilà de ces questions pour lesquelles la réponse
part toute seule. « Ce pauvre bonhomme d'About ! »
Le Messager dit bien : tout l'esprit d'About ne fait
pas que dans cette affaire il n'ait figure de dupe. Et
son livre émouvant d'*Alsace*, écrit *après*, ne vaut pas
telle page fameuse écrite *avant*, et où son collègue et
ami Prévost-Paradol prédisait avec tant de certitude
le conflit qui devait, cette fois, créer des Alle-
mands.

Quand il n'y avait pas d'Allemagne, il est évident
que la France avait une autre situation en Europe
que celle que la fondation de l'unité lui a faite. Mais
il est également vrai de dire que la langue, la litté-
rature, la civilisation française, gagnaient elles-
mêmes en prestige à l'émiettement des Etats germa-

niques. Pour ce prestige, pour cette influence, on peut dire que la date fatale, ce n'est pas 1866 ni 1870, comme en politique. Le déclin remonte plus haut : il commence à l'année 1813, aux guerres d'indépendance, au réveil du nationalisme dont les guerres de la Révolution et la domination napoléonienne furent la cause dans les pays d'outre-Rhin. Ici encore nous allons saisir le dommage qu'ont causé à la France les idées révolutionnaires et la conception romantique.

On sait que l'Académie de Berlin, en l'anné 1783, mit au concours les questions suivantes proposées par Mérian, un Bâlois d'ailleurs, et lui-même de langue allemande : « Qu'est-ce qui a rendu la langue française universelle en Europe ? Est-il à présumer que la langue française conservera cette prérogative ? » On sait aussi que Rivarol, ayant répondu à ces questions, vit couronner son discours, resté célèbre. Ce qu'on ne savait pas, ce que M. Maurice Pellisson nous a appris par un article du *Mercure de France*, c'est que le discours Rivarol partagea le prix avec une dissertation écrite en allemand par un Wurtembergeois. Or ce lauréat, nommé Schwab, n'avait pas soutenu autre chose que la thèse même de Rivarol, et il avait répondu comme lui dans le sens qui répondait aux vœux de l'Académie de Berlin. L'universalité de la langue française est due à ses hautes qualités, à ses caractères de politesse et de civilisation, et tout fait croire, tout engage à souhaiter qu'elle conserve, pour le bien de la culture, des prérogatives méritées.

9**

Le français, disait Schwab, est et doit être le langage des hommes civilisés. Auprès de lui, tous les autres idiomes ne sont que jargons. Aucun ne peut rivaliser avec lui, aucun ne possède ces « qualités contagieuses », parce que le français est l'expression de quelque chose de supérieur que Schwab nomme la « politesse française » et qu'il définit ainsi :

Cette politesse tient le milieu entre la timidité et la licence effrénée ; elle arrête les explosions des passions insociables ; dans sa bouche, les vérités désagréables qu'on ne saurait taire perdent ce qu'elles ont d'amer ; elle loue avec grâce et délicatesse ; elle représente les bienfaits rendus à un ami comme un soulagement donné à son propre cœur ; elle rapproche tous les états de la société et rétablit en quelque manière parmi les hommes l'égalité primitive. En un mot c'est *la plus belle fleur de l'humanité*, et elle suppose toujours une certaine bonté d'âme.

Et notre apologiste wurtembergeois concluait fortement son mémoire en prophétisant des destinées contraires à notre langue et à la sienne : l'allemand « ne peut être et ne deviendra jamais l'instrument universel de communication entre les Européens », tandis que « non seulement nous ne devons pas être jaloux de l'empire de la langue française, mais nous devons réunir nos vœux et nos efforts pour qu'elle devienne universelle ». A quoi le Bâlois Mérian ajoutait ces considérations :

Les Académies ne sont d'aucun pays particulier, mais de tous les pays, comme les sciences qu'elles cultivent et la vérité qu'elles professent. Elles doivent donc parler un langage intelligible à toutes les nations : *et l'allemand n'est point ce langage.* Leibnitz n'osa en faire celui de la

Société royale instituée sous ses auspices avant la nôtre. Ce grand homme ne s'en servit pas lui-même et pour aucun usage important. C'est au contraire en français qu'il exposa ses plus belles découvertes physiques et géométriques, qu'il traita les sujets de la plus profonde philosophie et publia ses admirables écrits qui ont rempli la terre de la célébrité de son nom.

Ainsi s'exprimaient en 1784 à Berlin des savants de langue allemande. C'est sous l'invocation de Leibnitz qu'ils se plaçaient avec raison. Leibnitz avait prévu le mal, dont souffre aujourd'hui le monde scientifique, de la multiplication des langues. Il savait que, dès que l'usage du latin cesserait d'être universel, la science et avec elle la civilisation courraient les plus grands dangers. Il considérait comme une régression de l'esprit humain que chacun exprimât dans sa langue les vérités d'ordre général et d'utilité universelle. C'est pourquoi il voulait qu'à défaut du latin le français fût adopté par tout le monde savant. Si son exemple avait prévalu, si l'état d'esprit des Schwab et des Mérian (qui était, d'ailleurs, celui du grand Frédéric, lequel ignorait presque l'allemand), si cet état d'esprit avait duré, les savants d'aujourd'hui n'en seraient pas à inventer le pauvre idiome nommé *Esperanto*.

Mais cet état d'esprit ne dura pas. Un demi-siècle après le concours de l'Académie de Berlin, notre langue était honnie en Allemagne. On trouve dans les *Parerga et Paralipomena*, dont une partie touchant les choses du style et du langage vient d'être traduite par M. Dietrich, une page violente où Schopenhauer, qui connaissait si bien notre langue et notre littérature et en avait tiré tant de profit, traite le français comme voici :

Ce plus misérable des jargons romans, cette pire mutilation des mots latins, cette langue qui devrait professer un profond respect pour sa sœur aînée, beaucoup plus noble qu'elle : l'italien ; cette langue qui a pour propriété exclusive la répugnante nasale, *en, on, un,* ainsi que le hoquetant et abominable accent sur la dernière syllabe, tandis que toutes les autres langues ont la longue pénultième douce et calmante ; cette langue où il n'y a pas de mètre et seulement la rime, et le plus souvent sur *é* ou sur *an,* ce qui exclut la forme poétique, — cette misérable langue.

Qui a pu dicter à Schopenhauer ce chapelet d'injures ? D'où vient qu'il nomme ailleurs un « jargon dégoûtant » la langue dont Leibnitz et Frédéric II se servaient par élection et préférence ? D'où vient une si profonde contradiction entre l'opinion des académiciens berlinois de 1784 et celle du philosophe de 1850 ?

Sans doute, dans cet espace de temps, la littérature allemande s'était enrichie. Sans doute elle avait eu Schiller et Gœthe. Mais l'Allemagne de xviiie siècle avait Lessing. La vraie raison n'est pas là. Elle est dans le grand mouvement d'indépendance et de nationalisme causé par la folle hégémonie napoléonienne. Elle est consécutive à Leipzig et à Waterloo, aux désastres de l'Empire mourant. Elle s'explique par l'invasion de la France et la double entrée des Alliés à Paris. On voit par cet exemple le tort que nous ont causé les erreurs des temps révolutionnaires. Loin de porter sur leurs ailes le nom français, les idées de 1789 lui ont finalement causé un mortel dommage. Non seulement Napoléon a laissé la France plus petite qu'il ne l'avait reçue. Non seulement il a rétréci ses frontières matérielles. Il faut encore dire que lui et le système dont il procède ont restreint les limites spirituelles de la France, et nui par là à l'humanité et à la civilisation mêmes.

TABLE DES MATIÈRES